CEPII

L'ÉCONOMIE MONDIALE 1994

Éditions La Découverte
9 *bis*, rue Abel-Hovelacque
75013 PARIS
1993

LE CEPII

Le Centre d'études prospectives et d'informations internationales est placé auprès du Commissariat général du Plan. Il a pour mission de rassembler des informations et d'effectuer des études prospectives sur l'économie mondiale, les échanges internationaux et les économies étrangères.

Il publie *La Lettre du CEPII*, une revue trimestrielle, *Économie internationale*, et des ouvrages tels que : *Économie mondiale 1990-2000 : l'impératif de croissance*, diffusés par les éditeurs Economica et La Documentation française, 29 quai Voltaire, 75340 Paris Cedex 07.

Derniers titres de *La Lettre du CEPII* :

— n°s 113-114, mai-juin 1993, « Croissance : le secret perdu ? Une projection de l'économie mondiale 1993-2000 ».

— n° 112, avril 1993, « Taux de change : les sept ans du G7 ».

— n° 111, mars 1993, « Déflation financière : les leçons de l'histoire ».

— n° 110, février 1993, « Maghreb : contrainte financière et ajustement ».

Les opinions formulées dans cet ouvrage n'engagent que leurs auteurs et non la direction du CEPII.

ISBN 2-7071-2239-4

Introduction

L'année 1992, tout comme l'année 1991, avait pu apparaître comme une année de remise en ordre de l'économie mondiale après les dérives monétaires et boursières des années quatre-vingt ; remise en ordre nécessaire avant une relance, ainsi que l'espérait l'introduction de *L'Économie mondiale 1993*. Mais la reprise attendue dans les pays industrialisés soit ne s'est pas produite, soit, comme dans le cas des États-Unis et du Royaume-Uni, n'est pas très vive. Pis, la récession s'est abattue sur toute l'Europe continentale où elle fait apparaître des tensions graves. On ne peut pas dire pour autant que l'économie mondiale, prise globalement, soit à la dérive. Poids des États-Unis et dynamisme des « dragons » d'Asie et de la Chine aidant, elle devrait encore progresser légèrement en 1993. La crise frappe essentiellement l'Europe.

Dans les pays en développement, en revanche, l'amélioration que l'on relevait en 1992 semble se confirmer.

Pour ce qui concerne les pays de l'Est, s'ils n'ont toujours pas, loin s'en faut, retrouvé leurs niveaux de production de 1989, ils ont, hormis l'ex-URSS, fait preuve en 1992 d'un certain dynamisme. Leurs résultats actuels offrent quelques espoirs qui témoignent d'une amélioration certaine, même si elle n'est que relative et fragile. La confirmation et l'accélération des progrès dépendront en partie du rôle que l'Occident sera prêt à jouer par ses aides publiques, ses encouragements à l'investissement et l'ouverture de ses marchés. Reste, cependant, que, dans les pays quantitativement les plus importants, Russie et autres nouveaux États de l'ex-URSS, la situation continue de se dégrader à l'été 1993. La réforme est en panne, l'inflation galopante (2 500 % par an) et les luttes pour le pouvoir ne laissent pas entrevoir une amélioration prochaine de la situation.

Dans ce climat général morose, peu de progrès ont été accomplis dans la réforme du système économique mondial. Le GATT est toujours dans l'impasse. La France bloque, en effet, toute progression en refusant d'accepter les conclusions du préaccord de Blair House. A tort, disent certains, en rappelant que la France a plus à perdre sur les exportations de services sur que les exportations agricoles. Avec raison, disent d'autres, en se référant aux blocages américains et au problème de *dumping* monétaire de certains pays d'Asie.

Plus grave, pour nous encore, la CEE ne va pas mieux. Au moment même où le traité de Maastricht devait être ratifié, le SME était déstabilisé et la montée du chômage réduisait la crédibilité du dispositif devant conduire à l'instauration d'une Union économique et monétaire. Le respect des critères de convergence est, en effet, hors de la portée de beaucoup des partenaires.

Enfin, les secteurs de l'industrie d'armement et de la banque — symboles des années quatre-vingt — connaissent des temps de crise et doivent s'adapter au cours nouveau de l'histoire. La fin de la guerre froide a déstabilisé l'industrie d'armement. La recherche des « dividendes de la paix » a entraîné des coupes claires dans les budgets. Quant aux banques, la dégradation de leurs bilans et de leurs résultats un peu partout dans le monde, mais en Europe et au Japon surtout, risque de contribuer à prolonger la crise économique.

Michel FOUQUIN, Daniel PINEYE*

---

* Michel Fouquin, adjoint au directeur au CEPII, et Daniel Pineye, chargé de mission au CEPII, ont assuré la conception et la coordination de cet ouvrage. Isabelle Bartolozzi et Laure Bonavia ont réalisé la mise au point des textes ; qu'elles en soient ici remerciées.

I / L'ÉTAT DE L'ÉCONOMIE MONDIALE

I / Économie mondiale : une très fragile convalescence

Éric Chaney et Michel Fouquin***

Contrairement à la perception que l'on peut en avoir en Europe, une reprise de l'économie mondiale a eu lieu en 1992. Selon le FMI, la croissance du PIB mondial a été de 1,8 % en 1992, après 0,6 % en 1991. Le retour à la croissance des économies nord-américaines, la vigueur de l'expansion en Asie — elle a dépassé 10 % en Chine — et, dans une moindre mesure, en Amérique latine expliquent cette accélération, qui a permis au commerce mondial de garder un certain dynamisme. Le spectre de la récession mondiale, que la baisse du prix des actifs et des matières premières avait conduit certains à agiter, n'a donc pas pris de consistance. Le rebond de 1992 ne doit cependant pas faire illusion. Depuis maintenant trois ans, les récessions se suivent dans les pays industrialisés. Après les États-Unis, le Canada, le Royaume-Uni, l'Australie, les pays scandinaves — Norvège exceptée —, puis plus récemment le Japon, la quasi-totalité des pays d'Europe continentale de l'Ouest sont confrontés à des baisses d'activité et une forte progression du chômage (chapitre VI). La croissance du PIB moyen des pays de l'OCDE fluctue ainsi, depuis la mi-1990, entre 0,5 % et 1,5 %, un modeste point haut ayant été atteint à la mi-1992,

* Chef du bureau de synthèse internationale à la Direction de la prévision.
** Adjoint au directeur du CEPII.

GRAPHIQUE 1. — INDICATEURS MONDIAUX
(en pourcentage)

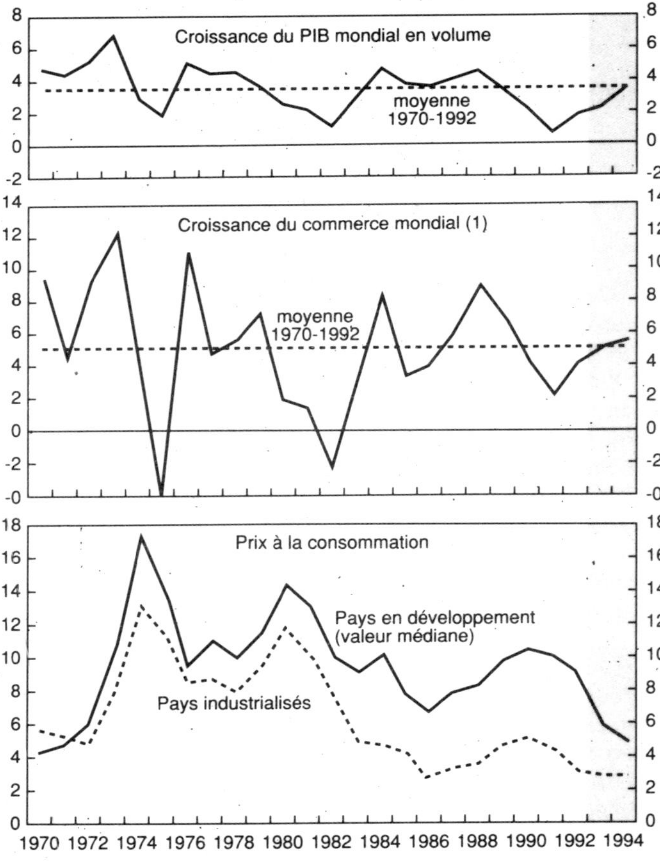

Source: cité dans *World Economic Outlook*, juin 1993, FMI. Les chiffres pour 1993 et 1994 sont des prévisions du FMI.

alors que les États-Unis sortaient de récession et que l'Allemagne n'y était pas encore entrée. L'année 1993, marquée par la récession européenne (– 0,5 % selon les prévisions de la Commission en juin 1993), la modeste croissance américaine, les risques de surchauffe en Asie, l'aggravation des déséquilibres commerciaux et la persistance des tensions monétaires risque d'être décevante pour l'économie mondiale.

Le dynamisme du commerce mondial se déplace vers les pays en développement

Le commerce mondial est resté relativement bien orienté depuis le début des années quatre-vingt-dix, avec une croissance moyenne en volume de plus de 4 %. Les prix du commerce mondial, exprimés en droits de tirage spéciaux (DTS), sont restés à peu près constants du fait de la baisse du prix des matières premières et d'une faible progression des prix des produits manufacturés. En revanche, les inflations internes (4 % en moyenne dans les pays industrialisés et près de 40 % dans les pays en développement) n'ont que faiblement reculé.

Ces deux tendances confirment que, malgré la montée des pressions protectionnistes, l'intégration économique mondiale se poursuit et que l'ouverture est un facteur de réduction de l'inflation. C'est en effet à travers le commerce mondial que la pression concurrentielle est la plus forte, poussant les industries à réaliser des gains de productivité et donc à investir. Paradoxalement, ce sont ces gains de productivité des secteurs exposés qui créent parfois l'inflation salariale interne, dans la mesure où les salaires des secteurs protégés, à faibles gains de productivité, suivent le mouvement des salaires des secteurs exposés.

Parmi les principaux bénéficiaires de l'ouverture figurent bien entendu les pays d'Asie, au premier rang desquels la Chine est devenue, en 1992, le premier pays exportateur du tiers monde, devant Taïwan, et le dixième exportateur mondial[1]. Le volume du commerce extérieur des pays en développement non producteurs de pétrole croît à plus de 9,5 % l'an de 1991 à 1993 (15 % pour les pays d'Asie), alors que les échanges des pays développés demeurent sur un rythme inférieur à 4 %. Le rattrapage de productivité des pays en développement, stimulé par leur présence croissante sur le marché mondial, rend inévitable et souhaitable un écart de croissance en leur faveur. Cependant, le décalage actuel, qui révèle la sous-utilisation des facteurs de production dans les pays industrialisés, n'est pas tenable à terme. Il entraînerait en effet une dégradation des comptes extérieurs des pays en développement, qui se solderait par des crises de balance des paiements et renforcerait les tendances protectionnistes dans les pays industrialisés.

Tandis que la reprise de la demande intérieure aux États-Unis relance le volume de leurs importations de biens et services de 7 % en 1992 et d'environ 10 % en 1993, la récession en Europe et au Japon se traduit par une stagnation des importations européennes et même une baisse de 2 % des importations du Japon, dont les exportations bénéficient du dynamisme en Asie et en Amérique du Nord.

Trois zones enregistrent un déclin de leurs exportations en valeur : les pays d'Europe centrale et orientale (– 10 % en 1992), l'Afrique (– 3 %) et le Moyen-Orient (– 0,5 %). Le commerce mondial apparaît ainsi comme un révélateur des déséquilibres externes, les décalages de conjoncture, mais également des déséquilibres internes, entre capacité d'offre et demande — c'est patent pour les républiques de l'ex-URSS — ou entre gains de productivité et progression des coûts salariaux. Un examen plus attentif des évolutions en volume révèle ainsi que, contrairement aux idées reçues, les produits *made in Japan* subissent une érosion continue de leurs parts de marchés à l'exportation[2], supérieure à 5 points en 1992 pour les produits manufacturés.

1. Hong Kong est classée par le GATT dixième exportateur, mais on estime que les exportations de produits comprenant une part significative de valeur ajoutée d'origine domestique ne représentent que la moitié de ses exportations.

2. Mesurés par l'écart de croissance entre les exportations de biens manufacturés du pays et la demande qui lui est adressée.

Pour les matières premières, la conjonction d'un dollar faible, de prix unitaires en dollars stables, ou en baisse, du fait de la faiblesse de la demande intérieure dans les pays développés, explique la réduction des revenus des pays exportateurs de ces produits depuis le milieu des années quatre-vingt. Les évolutions de 1992 et 1993 s'inscrivent dans cette tendance générale, qui souligne une nouvelle fois l'effet nocif de la médiocre croissance dans les pays développés.

L'excédent d'offre sur le marché pétrolier entraîne le prix du pétrole en dollar à la baisse en 1992 (18,4 dollars par baril, après 18,7 en 1991). Le premier semestre de 1993 confirme cette tendance déprimée avec un prix moyen de 17,6 dollars par baril. L'Arabie Saoudite maintient en effet sa production à un niveau proche de celui atteint au moment de la guerre du Golfe tandis que le Koweït est revenu sur le marché. La cohésion de l'OPEP, structurellement affaiblie par l'opposition entre l'Arabie Saoudite et l'Iran, est de plus conjoncturellement menacée par la faiblesse de la demande. Si la demande des pays en développement reste en forte croissance, celle des pays industrialisés est atone, du fait de leur conjoncture déprimée. En l'absence de franche reprise dans les pays industrialisés, le prix du pétrole devrait rester modéré. Conjoncturellement favorable à l'activité dans les pays importateurs de pétrole et à la stabilisation des prix finaux, cette situation — si elle venait à durer — pourrait entraîner à terme un ajustement à la hausse brutal, et donc inflationniste. Par ailleurs, la baisse du prix du pétrole relativement à celui du capital — qu'on peut assimiler pour simplifier aux taux d'intérêt à long terme — pousse à une augmentation de la consommation d'énergie par unité de PIB. Celle-ci s'observe en fait dans les pays en développement plutôt que dans les pays fortement industrialisés, où la stabilisation de l'intensité énergétique (après la baisse qui suivit les chocs pétroliers) ne paraît pas remise en cause. Enfin, la dépendance du monde à l'égard de l'OPEP s'accroît à nouveau, le déclin des exportations de l'ex-URSS accentuant le phénomène (cf. graphique 2).

Pour les autres matières premières, les prix moyens mondiaux ont encore reculé en moyenne de 2,4 % en 1992, après

GRAPHIQUE 2. — OFFRE MONDIALE DE PÉTROLE PAR GROUPE DE PAYS
(en pourcentage du total mondial)

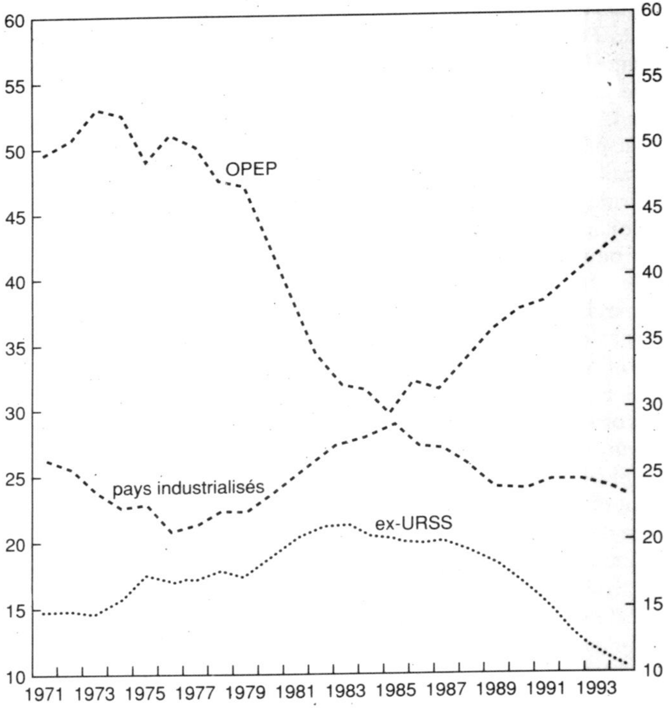

Source: cité dans *World Economic Outlook*, juin 1993, FMI d'après l'Agence internationale de l'énergie, OCDE, 1992.

– 3,4 % et – 7,6 % en 1990 et 1991. Les prix moyens actuels sont ainsi inférieurs de 60 % à leurs niveaux de 1970. Seuls les métaux non ferreux ont montré quelque résistance à la baisse en 1992. La situation des produits agricoles et alimentaires reste la plus défavorable.

Les déséquilibres extérieurs s'aggravent à nouveau, tandis que les taux d'intérêt réels restent élevés

Les décalages de cycle conjoncturel entre les grandes zones économiques s'accompagnent d'un élargissement des déséquilibres commerciaux et d'une réallocation des mouvements de capitaux. Le déséquilibre commercial nippo-américain s'accentue en 1992 et 1993. Le Japon, où, malgré la récession industrielle, la demande intérieure ne s'est pas effondrée, importe cependant moins, tandis que la reprise américaine stimule les importations. L'excédent courant japonais atteint ainsi 117 milliards de dollars en 1992 et la balance américaine, après le quasi-équilibre de 1991[3], rechute vers un déficit de 62 milliards de dollars en 1992. Au premier trimestre de 1993, le déficit américain et l'excédent japonais s'accentuent encore. L'un s'expliquant apparemment par l'autre, les autorités américaines ont accentué leur pression sur le Japon, pour inciter celui-ci à relancer son économie et pour regagner de la compétitivité en poussant le yen à la hausse. La pression américaine s'accompagne d'une tendance à privilégier le commerce « contrôlé » *(managed trade)*, au détriment du multilatéralisme. Au-delà des explications proprement conjoncturelles, le déficit nippo-américain doit être relié à l'insuffisance de l'épargne nationale américaine, compensée par l'excédent d'épargne japonaise, car on décèle une tendance récente au retour des exportations de capitaux à long terme japonais. Il est d'ailleurs à noter que le maintien d'un financement japonais du déficit américain contribue à maintenir les taux d'intérêt à long terme américains au-dessus des taux japonais, en raison de l'anticipation d'une appréciation du yen vis-à-vis du dollar.

Depuis 1991, le tiers monde voit sa capacité d'attraction des capitaux internationaux remonter à environ 80 milliards de dollars par an, ce qui est le signe que la crise de la dette des années soixante-dix est pour l'essentiel surmontée. En pleine crise de la dette, en effet, la capacité d'attraction de

3. Due en partie, il est vrai, aux transferts consécutifs à la guerre du Golfe.

l'Amérique latine était nulle et, même si l'offre internationale de capitaux dépassait dans certains pays les besoins (Thaïlande, par exemple), la situation de l'ensemble des pays en développement était plus proche de celle de l'Amérique latine. La pénurie d'épargne mondiale, évoquée par exemple par le FMI à propos de la réparation des dommages de la guerre du Golfe et des besoins des pays d'Europe centrale et orientale, reste une hypothèse probable, sans que les faits soient venus la confirmer de façon incontestable. Pour le dernier cas évoqué, les problèmes courants semblent plutôt relever de la pénurie de projets présentant une certaine rentabilité économique que d'une véritable pénurie de capitaux. Tel est le diagnostic porté aussi bien par la Banque mondiale, la Banque européenne de reconstruction et de développement (BERD) et la Banque européenne d'investissement (BEI), émanation des Communautés européennes.

Une présomption de pénurie d'épargne mondiale est cependant apportée par le maintien d'un haut niveau des taux d'intérêt réels à long terme. Ceux-ci, malgré une légère tendance au repli en 1992 et 1993, aussi bien en Europe qu'aux États-Unis, restent historiquement élevés. Ils se situent à la mi-1993 entre 4 % et 5 % en Europe et à environ 3 % aux États-Unis et au Japon. Les politiques monétaires sont pourtant modérées aux États-Unis et au Japon, ou sur la voie de le devenir en Europe, en raison de la faiblesse de l'activité économique et de la modération des prix. Déséquilibres extérieurs et niveau élevé des taux réels n'y sont probablement pas étrangers. Les premiers sont souvent le résultat des déficits publics — c'est le cas aux États-Unis et en Europe — et, de plus, aggravent les risques macroéconomiques perçus par les investisseurs.

Au total, il n'apparaît pas que l'environnement international soit franchement défavorable à la croissance mondiale. Les conditions de financement sont redevenues normales, notamment pour les pays en développement de la zone dollar ou de la zone yen. De même, les approvisionnements en matières premières et en sources d'énergie se font sans tensions et à des prix bas. D'un point de vue conjoncturel, c'est bien plutôt d'une insuffisance globale de la demande qu'il s'agit, à l'exception de l'Asie, que d'une pénurie d'épargne. La récession européenne et, plus généralement, la faiblesse de la croissance dans les pays industrialisés, au regard de leur croissance potentielle, tiennent à des facteurs internes.

Les États-Unis fournissent un moteur insuffisant...

La reprise américaine n'a pas empêché les économies européenne et japonaise d'entrer en récession ou de ralentir fortement. La demande de produits manufacturés en provenance des États-Unis, en progression de 12 % en 1992, a pourtant apporté une contribution notable au commerce mondial. Or, bien que l'effet « d'entraînement » usuellement associé aux reprises américaines passe, selon l'acception courante, par les échanges internationaux, il semble actuellement — c'est toujours le cas à la mi-1993 — presque inexistant. Tout au plus peut-on admettre que l'économie britannique, un peu plus tournée vers l'Amérique du Nord que les autres pays européens, en tire quelques profits.

Plusieurs raisons expliquent cette apparente déconnexion. Tout d'abord, la reprise américaine est modeste, comparée à celle de 1984, qui vit le volume des importations américaines augmenter de 25 % pour l'ensemble des biens et services et de près de 30 % pour les biens manufacturés. En second lieu, à la différence de 1984-1985, les États-Unis bénéficient d'une position compétitive avantageuse, du fait d'un taux de change nominal sous-évalué et d'une faible croissance de leurs coûts salariaux unitaires, en raison de la récession passée. De ce fait, les exportateurs américains ont pu maintenir leurs parts de marché en 1992. Enfin, la baisse des taux d'intérêt américains ne s'est pas transmise aux taux d'intérêt européens à court terme et a été moins sensible pour le long terme. Ce dernier facteur explique d'ailleurs le précédent. Les mécanismes d'entraînement ne sont donc pas en cause, mais leur amorçage fait défaut : stimulus américain insuffisant, taux de change des monnaies européennes surévalué, politiques monétaires divergentes. L'effet multiplicateur de la reprise américaine, qui ne passe pas exclusivement par le commerce international, est ainsi sensiblement réduit par l'opposition des conjonctures.

La désynchronisation des cycles économiques tient pour l'essentiel de l'unification allemande. Il n'y a pas en effet d'autre raison à l'appréciation des monnaies européennes et au haut niveau des taux d'intérêt à court terme en Europe continentale, deux facteurs clairement défavorables à la croissance. La faiblesse globale de l'activité dans les pays industrialisés trouve là une raison conjoncturelle forte. Deux autres facteurs, plus difficilement quantifiables, y concourent également : la montée de l'endettement public au cours de la dernière décennie a limité la marge de manœuvre des politiques budgétaires et le processus de désendettement des agents privés a bridé leur demande.

La dette brute des administrations publiques de l'ensemble des pays de l'OCDE est passée d'environ 50 % du PIB en 1980 à près de 65 % en 1992. Pourtant, en moyenne, les soldes hors charge d'intérêt se sont améliorés. La montée de l'endettement public provient donc de la charge d'intérêt. Plus précisément, l'encours de la dette publique rapportée au PIB s'est creusé du fait de l'écart croissant entre le taux d'intérêt réel et le taux de croissance moyen du PIB. Rétrospectivement, il apparaît donc que les autorités publiques auraient dû mieux mettre à profit les années de forte croissance pour améliorer leurs soldes primaires. Dans la phase actuelle de ralentissement ou de récession, les politiques budgétaires auraient ainsi pu être plus contra-cycliques pour compenser la faiblesse de la demande privée. Il est frappant de constater que la politique budgétaire américaine n'a été que très faiblement stimulante en 1992, année électorale, alors que la sortie de récession paraissait très fragile.

Les expériences américaines et japonaises amènent enfin à s'interroger sur l'influence du cycle financier sur le cycle réel. Dans ces deux pays, les politiques monétaires se sont progressivement assouplies depuis le début de 1991, ramenant les taux d'intérêt nominaux à court terme à 3 % en 1993. Pourtant, le marché du crédit a faiblement répondu à la baisse des taux d'intérêt. On y voit en général l'effet de l'endettement passé des ménages et des entreprises, qui les aurait conduits à privilégier le désendettement au détriment de la dépense, malgré la réduction de leur charge d'intérêt.

Déficit public et taux d'intérêt

Le déficit des administrations publiques peut être découplé en deux parties. Le déficit (ou l'excédent) *primaire* représente le solde entre ressources et dépenses, hors charge d'intérêt de la dette. Il est influencé par la politique budgétaire, et par le cycle conjoncturel (en période de récession, par exemple, les recettes diminuent, et les prestations chômage augmentent). La *charge d'intérêt* dépend du stock de la dette publique et du coût moyen de la dette, dépendant lui-même de la maturité moyenne de la dette et des taux d'intérêt auxquels ont été émis les titres publics. Les niveaux absolus du déficit ou de la dette n'ont pas de réelle signification macroéconomique, puisque, toutes choses égales par ailleurs, ils dépendent de la taille de l'économie. En revanche, le ratio dette/PIB ne peut croître indéfiniment sans entraîner une crise de confiance majeure. Pour le stabiliser, les autorités ne peuvent jouer que sur le solde primaire. Or, lorsque le taux de croissance de l'économie est inférieur au coût réel de la dette, qu'on peut assimiler au taux d'intérêt réel apparent à moyen terme, la charge d'intérêt rapportée au PIB s'accroît mécaniquement, et ce d'autant plus vite que la dette est élevée. C'est l'effet « boule de neige ». Plus celui-ci est fort, moins les autorités disposent de marge de manœuvre budgétaire pour agir sur la demande.

La montée de l'endettement au cours de la phase ascendante du cycle n'a rien d'anormal : les institutions de crédit voient diminuer les risques de défaillance et assouplissent les conditions de l'offre de crédit ; les ménages anticipent des flux de revenus plus importants et s'endettent de façon à lisser leur consommation et à acquérir des actifs dont ils anticipent la hausse. Peu à peu, les risques de défaillance augmentent et les banques freinent leur offre de crédit. Puis, lors de la phase de contraction de l'activité, les ménages, parfois confrontés à une contrainte de liquidité et révisant leurs anticipations sur leurs revenus futurs, réduisent leur consommation pour se désendetter, en relevant leur taux d'épargne. Il en va de même pour les entreprises, qui réduisent leur investissement pour s'adapter au ralentissement de la demande, mais également pour se désendetter. Le processus se poursuit par une phase de reconstitution des actifs pour les ménages, qui maintiennent leur taux d'épargne à un niveau élevé. Le cycle financier agit donc en retour sur le cycle réel, en l'amplifiant. Il est probable que la montée de l'endettement, tout particulièrement aux États-Unis, au Japon, mais aussi au Royaume-Uni, dans les pays scandinaves, au Canada et en Australie, a été accentuée entre 1985 et 1990 par la déréglementation financière et le développement des marchés qui s'est ensuivi. Les bulles spéculatives sur les actifs immobiliers et mobiliers ont vraisemblablement entraîné un surcroît d'activité, mais leur dégonflement a eu, et a encore, un effet symétrique, cette fois dépressif.

Les décalages de conjoncture et la faiblesse de la croissance, quelles qu'en soient les causes, ont des conséquences qui pourraient aller au-delà des évolutions cycliques. D'une part, les équilibres extérieurs s'en trouvent affectés, comme on l'a déjà signalé, poussant à des mesures protectionnistes et à des accords bilatéraux qui peuvent avoir des conséquences négatives durables pour le commerce mondial et donc sur la croissance. D'autre part, la faiblesse de la croissance s'accompagne d'un taux de chômage élevé. Or, le maintien d'un haut niveau de chômage a probablement des conséquences difficilement réversibles sur une part de la population touchée. C'est une nouvelle fois la croissance de long terme qui peut être affectée.

Bibliographie

Note de conjoncture internationale, Direction de la prévision, éditions de mars 1993 et juillet 1993.
Rapport sur les comptes de la nation, INSEE, juin 1993.
Note de conjoncture mensuelle, IndoSuez, juin 1993.
World Economic Outlook, FMI, juin 1993.

II / Pays développés : l'Europe dans la tourmente

*Henri Delessy-Dorvillius**

Depuis 1990, la croissance des pays industrialisés est redevenue insuffisante pour contenir la montée du chômage. Le taux de chômage dans l'OCDE, qui avait diminué jusqu'à 6,1 % en 1990 après avoir atteint 8,5 % en 1983, devrait à nouveau dépasser les 8 %, voire les 11 % dans la CEE, en 1993. La reprise espérée en 1992 ne s'est pas produite, sauf aux États-Unis où, cependant, elle n'est pas très vive.

Les perspectives à court terme sont plutôt sombres. En Europe, le PIB diminuerait légèrement en 1993, et davantage en Allemagne de l'Ouest, laquelle devrait enregistrer une récession d'une ampleur supérieure à celles de 1975 et de 1982. Les finances publiques se sont partout fortement dégradées, contraignant les politiques budgétaires à redevenir restrictives. Les taux d'inflation sont bas dans la plupart des pays industrialisés, mais les taux d'intérêt réels restent trop élevés en Europe au vu des perspectives de croissance. Enfin, à l'heure où le Marché unique se met en place, la construction européenne est fragilisée par la crise et par les turbulences qui ont secoué, à l'automne 1992, le système monétaire européen.

Entrés successivement en récession, l'Amérique du Nord, le Japon et l'Europe sont, depuis 1990, en net déphasage. Après avoir régressé en 1990, les économies américaine et

* Chargé de mission au CEPII.

canadienne ont connu un nouvel essor, éphémère, au printemps 1991, avant de repartir, à un rythme modéré, en 1992. Le ralentissement de l'activité n'a touché le Japon qu'en 1991, puis s'est transformé en brève récession fin 1992. L'économie japonaise pourrait, cependant, avoir atteint le creux de la vague au premier semestre de 1993 et rebondir. La Communauté européenne, qui a enregistré, pour sa part, une croissance du PIB médiocre en 1992 (1,3 %), connaîtra probablement une croissance négative en 1993 (– 0,5 %), le recul général de l'investissement et la chute de la production en Allemagne devant l'emporter sur la modeste reprise britannique.

Amérique du Nord : une reprise molle

Comparée aux reprises qui ont suivi les récessions antérieures, la reprise américaine, en cours depuis le printemps 1991, est molle. La croissance attendue en 1993 est de 3 % seulement, soit deux fois moins vive que lors de la précédente reprise de 1983-1984. Les créations d'emplois restent faibles car les entreprises ont recherché, en premier, le redressement de leur productivité et de leurs profits. L'emploi total n'a augmenté que de 0,6 % en 1992 pour une croissance du PIB de 2,1 % (en moyenne annuelle). D'où une faible décroissance du taux de chômage qui n'est passé en dessous de la barre des 7 % qu'au mois de mai 1993 après avoir culminé à 7,7 % en juillet 1992. Les salaires réels par tête ont, pour leur part, à peine augmenté en 1992. En conséquence, le pouvoir d'achat des ménages ne s'est accru que faiblement et l'assainissement de leur situation financière, favorisé par la baisse des taux d'intérêt, est encore récent et de faible ampleur. Leur taux d'épargne n'a que modestement remonté depuis son point bas de 1989, de 4 % du revenu disponible à 4,8 % en 1992 ; leur endettement (rapport de leur dette au PIB) n'a reculé que de 2 points seulement en 1991-1992, après avoir augmenté de 15 points de 1980 à 1990.

Les ménages ne peuvent donc plus guère recourir à la baisse du taux d'épargne ou au crédit pour financer leur consommation, qui ne progresse que modérément (2,3 % en

1992). Par ailleurs, la sous-occupation persistante des locaux à usage industriel et commercial prolonge la contraction des investissements dans les immeubles non résidentiels. Seuls l'investissement des ménages dans les logements et celui des entreprises dans les équipements sont dynamiques, stimulés par le niveau très bas des taux d'intérêt. Enfin, le projet du président Clinton de stimulus budgétaire en 1993 a été bloqué par la minorité républicaine du Congrès. Au total, la croissance américaine est modérée, ce qui ne permet pas aux États-Unis de jouer le rôle de « locomotive » de l'économie mondiale.

Cette reprise molle ne s'accompagne pas jusqu'ici de tensions sur les prix. Les coûts salariaux des entreprises restent bien maîtrisés, particulièrement dans l'industrie, et la hausse des prix à la consommation ne dépasse guère 3 % l'an. Il se peut toutefois que l'inflation s'accélère dans les prochains mois, contraignant les taux d'intérêt à une remontée progressive.

La faiblesse du dollar face au yen et aux monnaies européennes a contribué à un essor remarquable des exportations américaines au cours des années récentes. En 1991 et 1992, les ventes de biens et services à l'étranger ont augmenté plus vite que celles du Japon et de la CEE. Mais, alors que, de 1986 à 1991, les exportations des États-Unis progressaient plus vite, en volume, que leurs importations, il n'en est plus de même en 1992, car la conjoncture des États-Unis s'améliore relativement à celle du Japon et de l'Europe. La réduction du déficit commercial de 3,5 % du PIB en 1987 à 1,3 % en 1991, s'est donc interrompue en 1992 (1,6 %) et le déficit devrait augmenter en 1993, pour avoisiner 2 % du PIB. Cette dégradation vient appuyer les revendications américaines dans les conflits commerciaux avec l'Europe et le Japon.

Le déficit budgétaire fédéral s'est fortement creusé pendant la récession, de 3 % du PIB, environ, en 1989 à 5 % en 1992. Constat préoccupant, près de la moitié de cette dégradation serait due à des causes structurelles — l'augmentation des dépenses de santé en particulier. Aussi l'administration Clinton a-t-elle présenté un plan de redressement du déficit à moyen terme dont les effets restrictifs ne devraient cependant guère être sensibles avant 1996.

En 1992, le Canada est sorti d'une crise un peu plus précoce et profonde que celle subie par les États-Unis. Ses indicateurs macroéconomiques étaient sensiblement détériorés : le taux de chômage a augmenté de 7,5 % à 11,3 % de 1989 à 1992, le déficit des administrations publiques de 3 % du PIB à 5,6 %, tandis que la balance des opérations courantes restait fortement déficitaire, d'environ 4 points du PIB. Cependant, la forte baisse des taux d'intérêt à court terme depuis 1989 a permis de desserrer les contraintes financières pour les ménages et les entreprises, excessivement endettés à la fin des années quatre-vingt. La baisse du taux d'inflation à moins de 2 % l'an a permis, au début de 1993, aux autorités monétaires de réduire à 2 points l'écart des taux canadiens aux taux américains, contre plus de 5 points en 1989. Cet assouplissement monétaire et la baisse du dollar canadien de 10 % vis-à-vis du dollar américain en 1992 devraient permettre à l'économie canadienne de croître de 3 %, environ, en 1993 contre 0,9 % en 1992. La reprise est néanmoins freinée par l'effort d'assainissement budgétaire et la poursuite de l'ajustement financier des agents privés.

Japon : les séquelles de la bulle spéculative

Le Japon souffre encore des effets de l'éclatement de la bulle financière et du surinvestissement de la fin des années quatre-vingt. En 1992, la croissance de son PIB a été limitée à 1,3 %, taux le plus faible depuis 1974. Sans le secours de la demande externe et de l'investissement public, l'économie japonaise aurait été en récession (le PIB a d'ailleurs baissé en niveau absolu au second semestre de 1992). L'investissement productif privé et la production industrielle ont reculé de l'été 1991 à la fin 1992, le premier de 12 %, la seconde de 8 %. Les prix de l'immobilier, qui avaient déjà baissé de 5 % en 1991, ont chuté de plus de 8 % en 1992, contribuant, par la multiplication de créances douteuses ou non recouvrables, à la détérioration du bilan des établissements financiers. Pour ce qui est des actifs mobiliers, la crise est encore plus brutale. L'indice Nikkei est tombé à 17 000 points en 1992 (et même de 14 000 points en août), soit une chute de plus de 50 % par rapport à son niveau historique de décembre 1989 (38 130 points). Il est cependant remonté à 20 000 points au printemps 1993, en partie sous l'effet des mesures publiques visant à soutenir les cours. Les profits des entreprises s'étant nettement contractés, les dépôts de bilan, dans le secteur immobilier notamment, ont été nombreux en 1992 (14 000 faillites). Leur volume a dépassé en 1991-1992 les maximums historiques atteints en 1985-1986, au moment de la forte appréciation du yen face au dollar.

En 1993, l'investissement des entreprises devrait continuer à se contracter — de 3 % à 5 % — en raison des surcapacités héritées du boom des années 1986-1991, au cours desquelles il avait progressé en volume de plus de 10 % par an. La consommation des ménages devrait être freinée par la montée — modeste — du chômage et surtout par une progression très modérée des salaires. Au total, la progression du PIB, en 1993, ne devrait pas dépasser de beaucoup 1 %.

L'ajustement qu'a connu l'économie japonaise en 1991-1992 ne doit, toutefois, pas être surestimé : de 1986 à 1991, le PIB du Japon a augmenté au rythme de 4,6 % l'an contre 2 % aux États-Unis et 2,9 % dans la CEE. La pause actuelle n'a donc rien de dramatique. En outre, la correction, certes sévère, subie par la sphère financière ne doit pas masquer les atouts accumulés dans l'économie réelle au cours des années de « bulle » : en 1992, le taux d'investissement total [rapport du volume de la formation brute de capital fixe (FBCF) totale au volume du PIB] était de 32 % au Japon contre 22 % en Allemagne de l'Ouest, 21,5 % en France et 14,5 % aux États-Unis ; l'excédent courant japonais atteignait 117 milliards de dollars (soit 3,2 % du PIB). Tous ces faits témoignent de l'efficience d'un potentiel productif fortement rénové. Enfin, et ce n'est pas son moindre mérite, l'économie japonaise est restée créatrice d'emplois. Le chômage reste faible.

Le Japon jouit, depuis 1992, d'une inflation très faible, dont le rythme annuel est descendu à moins de 1,5 % au printemps 1993. Les surcapacités dans l'industrie, la modération salariale et l'appréciation du yen contre toutes monnaies expliquent ce résultat. La Banque du Japon a donc pu sans risques abaisser, début 1993, le taux d'escompte à

2,5 %, c'est-à-dire au même niveau historiquement bas qu'en 1987-1988. Cette politique de bas taux d'intérêt aide les banques à reconstituer leurs marges et à consolider leurs bilans. Elle permet aux grandes entreprises de refinancer à un coût modéré les fonds considérables levés pendant l'euphorie boursière.

Enfin, le gouvernement japonais a mis à profit l'excédent des finances publiques hérité de l'assainissement budgétaire des années quatre-vingt. Il a lancé deux plans de relance successifs, en août 1992 puis avril 1993, qui comportent principalement des investissements publics et des aides financières en faveur des petites et moyennes entreprises et de l'investissement privé. Au total, les autorités japonaises ont donc pu et su mobiliser tous les instruments de la politique économique pour gérer l'éclatement de la bulle financière sans conséquences trop douloureuses pour l'économie réelle.

Allemagne : le poids de la réunification

L'Allemagne occidentale, en proie aux difficultés budgétaires, monétaires et financières de la réunification, est entrée en récession au printemps 1992. Soucieuse de combattre avant tout l'inflation (4 % en 1992), la Bundesbank a relevé le niveau de ses taux d'intérêt jusqu'à l'été 1992 en dépit de la dégradation de la conjoncture. La chute de l'activité a été particulièrement brutale, sous l'effet d'un fort recul de l'investissement productif. Les entreprises ouest-allemandes, qui avaient beaucoup investi de 1987 à 1991, ont, en effet, à présent, des capacités largement excédentaires. L'industrie allemande a, en outre, pâti à l'exportation du retournement de l'investissement dans la zone OCDE, d'une compétitivité détériorée par l'appréciation (20 % de 1989 à 1992) du mark vis-à-vis du dollar et d'une hausse excessive des coûts salariaux (7 % en nominal et en moyenne en 1991-1992). La production industrielle a, en conséquence, fortement baissé (de 6 % en décembre 1992 en glissement sur un an). Le taux de chômage à l'Ouest est ainsi remonté à près de 7,5 % au printemps 1993, contre 5,5 % (son niveau le plus bas) à l'été 1991. En raison des acquis d'une croissance encore assez soutenue en 1991, le PIB a néanmoins progressé de 1,5 % en 1992. Mais, en 1993, à cause du fort recul de l'activité, qui porte aussi bien sur la consommation que sur l'investissement productif, le PIB pourrait se contracter de 1,5 % à 2 %. L'inflation est restée encore vive au début de 1993, sous l'effet, notamment, de la hausse de la TVA au 1er janvier et des tensions rémanentes sur les loyers et dans les secteurs des services et du bâtiment. La modération des hausses de salaires programmées pour 1993 (3 %, par exemple, dans la fonction publique) constitue cependant un bon gage de désinflation. Celle-ci permettra à la décrue des taux d'intérêt de se poursuivre, mais on suppose que cela ne suffira pas à enrayer rapidement la récession.

A l'est de l'Allemagne, le redressement du PIB en 1992 (+7 % après un recul de 15 % en 1990 et de 31 % en 1991) ne doit pas trop faire illusion. Cet essor est le fait d'un nombre limité de branches, BTP et services pour l'essentiel, auxquelles s'ajoutent de trop rares branches industrielles. L'industrie manufacturière dans son ensemble est encore en plein marasme. Les difficultés financières des entreprises se sont encore aggravées en 1992. En 1993, il est à craindre que les Länder de l'Est ne fassent les frais de la récession à l'Ouest et que l'emploi ne continue de reculer, en dépit d'une nouvelle progression du PIB. Le taux de chômage, selon les statistiques officielles, est de 15 % au début de 1993, mais, si l'on prend en compte les préretraités, les chômeurs partiels et les bénéficiaires des diverses mesures de politique de l'emploi, ce sont 35 %, environ, des actifs est-allemands qui se trouvent au chômage réel ou en dehors du marché du travail « normal ».

France : la demande extérieure ne soutient plus le PIB

La France a bénéficié, jusqu'au début de 1992, du dynamisme de la demande extérieure. En particulier de la forte demande allemande, qui a caractérisé les premiers temps de l'unification. De plus, les gains de compétitivité, acquis grâce à une inflation plus faible (2,5 % en 1992) que chez la plupart de ses partenaires, ont favorisé le redressement de ses parts de marché à l'exportation. La demande internationale a ainsi amorti l'effet sur le PIB du ralentissement de la demande intérieure qui se manifestait depuis la mi-1990. En effet, depuis le deuxième trimestre de 1990, l'investissement des entreprises reculait, les perspectives de demande étant jugées insuffisantes et les capacités de production, sous-utilisées. Le soutien de la demande extérieure ayant disparu depuis le début de 1992, l'économie française a stagné, puis est entrée en récession au dernier trimestre de 1992. La contraction de l'activité s'est accentuée au début de 1993. De surcroît, les attaques spéculatives récurrentes contre le franc depuis septembre 1992 ont contraint les autorités monétaires à maintenir jusqu'en mai dernier des taux d'intérêt à court terme très pénalisants, surtout pour les petites et moyennes entreprises. La progression du PIB, encore de 1,3 % en 1992, fera probablement place à une baisse de 0,5 % à 1 %, environ, en 1993. La demande intérieure est en effet très mal orientée : la baisse de l'investissement se poursuit, la politique budgétaire redevient restrictive et le pouvoir d'achat des ménages est rogné par les prélèvements fiscaux destinés à rééquilibrer les comptes sociaux. Enfin, la forte dépréciation de la livre, de la lire et de quelques autres devises européennes annule une partie des gains de compétitivité acquis antérieurement par la stratégie dite de désinflation compétitive.

Italie : la nouvelle politique d'austérité confrontée à la crise politique

En Italie, l'entrée en récession s'est opérée selon un scénario analogue à celui de la France, mais sur un fond de déséquilibres macroéconomiques graves. Depuis 1987, année du dernier réalignement des parités dans le SME, l'Italie avait accumulé, et continuait d'accumuler, des écarts d'inflation importants vis-à-vis des pays européens les moins inflationnistes : Allemagne, France, Belgique, Pays-Bas. Sa compétitivité-prix s'étaient fortement détériorée et, en 1991, le déficit des opérations courantes frôlait 2 % du PIB. Elle n'avait pas su mettre à profit la croissance vive de la fin des années quatre-vingt pour réduire un déficit public massif (10,4 % du PIB en 1991). Enfin, la politique monétaire anti-inflationniste de la Bundesbank lui a imposé des taux d'intérêt excessifs, qui ont contribué à gonfler le déficit public. En 1992, les marchés ont alors jugé la parité de la lire peu crédible. Attaquée en septembre, la lire n'a pas pu être défendue car la liberté des mouvements de capitaux instaurée à l'été 1990 dans la plupart des pays du système monétaire européen (SME) ne le permettait pas. Sa participation au SME a dû être suspendue et, de mai 1992, début des tensions, à mai 1993, sa dépréciation face au mark a atteint presque 20 %. Si la crise des changes a contribué à provoquer une grave crise politique et institutionnelle, elle a aussi confirmé l'urgence de réformes de fond. En juin 1992, la Scala Mobile — le mécanisme italien d'indexation des salaires sur les prix — a été officiellement abandonnée. En septembre 1992, l'éphémère gouvernement Amato a dû faire adopter par le Parlement un plan de redressement budgétaire drastique — hausses d'impôts, blocage des salaires et des recrutements dans l'administration, diminution des prestations de l'assurance-maladie, augmentation progressive de l'âge du départ à la retraite... Les années 1992-1993 pourraient constituer un tournant positif, si la détermination à imposer une discipline salariale et à assainir les comptes publics devait être durable. Cependant, l'instabilité politique et la montée du chômage, qui devrait atteindre 12 % en 1993, pourraient conduire à un relâchement précipité de la politique d'austérité.

Royaume-Uni : la dévaluation compétitive

Le Royaume-Uni sort d'une récession qui a duré deux ans et demi, du début de 1990 au troisième trimestre de 1992. Le PIB avait reculé de 2,1 % en 1991, puis encore de 0,6 % en 1992. En 1993, on s'attend à une croissance de l'ordre de 1,5 %. Les facteurs principaux à l'origine de la crise ont, en effet, été en grande partie aplanis. La phase d'expansion, de 1983 à 1988, s'était accompagnée de déséquilibres monétaires et financiers majeurs : chute du taux d'épargne et surendettement des ménages ; forte montée de la dette des entreprises ; inflation persistante (autour de 5 % l'an) ; spéculation immobilière ; gonflement du déficit courant (plus de 4 points du PIB en 1989). L'inéluctable ajustement a provoqué une contraction brutale de la demande intérieure, notamment dans le secteur de l'immobilier. Ce qui, en retour, a aggravé les problèmes de solvabilité des banques et des ménages. Enfin, la surévaluation de la livre (2,95 marks, soit 10 francs pour 1 livre), décidée par le gouvernement britannique pour faire reculer l'inflation, à l'occasion de l'entrée de la livre dans le SME en octobre 1990, a accentué également la récession. Elle pénalisait les échanges extérieurs et favorisait une progression excessive des importations.

En 1992, les taux allemands élevés imposaient des taux d'intérêt prohibitifs aux ménages britanniques, fortement endettés, à taux variables principalement. Cela risquait de compromettre la reprise. En septembre, sous la pression des marchés, le gouvernement a donc changé de stratégie. Il a suspendu la participation de la livre au SME et abaissé les taux d'intérêt à court terme pour soutenir la reprise qui s'amorçait. La livre s'est dépréciée de 15 % environ par rapport au mark entre mai 1992 et mai 1993. Il reste, toutefois, au Royaume-Uni, à sauvegarder ses gains de compétitivité et à éviter que la reprise ne débouche sur les déséquilibres antérieurs, notamment l'inflation. Compte tenu de l'ampleur des déficits courant et budgétaire au sortir de la crise, la voie est très étroite pour sa politique économique.

Chacun pour soi ou coordination ?

Face à cette conjoncture dégradée dans les pays industrialisés, la question du choix entre autonomie et coordination des politiques économiques est posée. En théorie, la coordination permet d'atteindre pour tous les pays une situation meilleure. Mais elle est très difficile à organiser. La politique monétaire est souvent autonome et certains pays ont des problèmes spécifiques. Les sommets successifs du G7 n'aboutissent ainsi à aucune initiative concertée. Les communiqués se bornent à prôner une vertu budgétaire qui n'a guère été appliquée, une baisse des taux d'intérêt, une stabilité des taux de change bien improbable et une relance japonaise.

La coordination en Europe n'est guère plus efficace. Sur le plan monétaire, la persistance de l'inflation allemande et l'intransigeance de la Bundesbank bloquent toute baisse concertée des taux d'intérêt. Les taux d'intérêt réels de court terme en Europe restent ainsi bien au-dessus de ceux du Japon et des États-Unis. Certes, les taux d'intérêt allemands sont orientés à la baisse depuis juillet 1992. Mais leur décrue graduelle est trop tardive pour conjurer la récession en Europe. Sur le plan budgétaire, les possibilités d'action au niveau communautaire sont bornées par les principes de vertu édictés dans le traité de Maastricht sur l'Union économique et monétaire.

Aussi, plutôt que d'attendre vainement une coordination internationale efficace, chaque pays est alors tenté de mener une action autonome. Les États-Unis et le Japon en ont les moyens, institutionnels et politiques. Les pays européens sont, eux, entravés à l'échelon national par leurs fortes interdépendances économiques et monétaires et, à l'échelon européen, par la diversité de leurs intérêts et la complexité des processus de décision communautaires. La crise du SME et le cavalier seul monétaire des Britanniques illustrent les tensions centrifuges dans une Europe qui, un an après la signature du traité fixant les étapes du chemin vers l'Union monétaire, semble s'être plutôt éloignée de son objectif.

Bibliographie

CEPII-OFCE, « Croissance : le secret perdu ? », *La Lettre du CEPII*, n°s 113-114, mai-juin 1993.

AGLIETTA M., DELESSY H. et PISANI-FERRY J., « Tirer les leçons de la crise monétaire », *La Lettre du CEPII*, n° 106, octobre 1992.

OCDE, *Perspectives économiques de l'OCDE*, juin 1993.

FMI, *World Economic Outlook*, mai 1993.

III / Pays en développement : améliorations confirmées

*Jacques Adda**

La persistance d'une croissance lente de l'activité dans la zone OCDE en 1992 et au premier semestre 1993 a freiné la progression des exportations des économies en développement et contribué à la déprime des cours des produits de base, pour une part. Pour une autre part, la forte baisse des taux d'intérêt aux États-Unis et la poursuite des opérations de réduction de dettes ont allégé les charges financières pesant sur les pays débiteurs. Enfin, la disponibilité en capitaux induite par la récession internationale a facilité le financement de déficits accrus des balances courantes, en Asie et en Amérique latine notamment.

L'impact de l'environnement international sur les économies en développement est toutefois fortement conditionné par leurs modes d'insertion dans l'économie mondiale et leurs choix de politiques économiques. Les années quatre-vingt ont, de ce point de vue, enregistré des changements majeurs, avec l'adoption, par un nombre croissant de pays, de politiques de promotion des exportations de produits manufacturés, de libéralisation et de rationalisation des régimes d'importations d'ouverture financière et de stimulation des investissements étrangers. La stratégie d'industrialisation par l'exportation s'est ainsi généralisée et systématisée. D'une

* Économiste au Truman Research Institute for the Advancement of Peace, université hébraïque de Jérusalem.

ampleur spectaculaire en Extrême-Orient, elle s'étend désormais à l'Amérique latine à une vitesse d'autant plus grande que les obstacles financiers à une reprise de l'investissement sont en partie levés et que la perspective d'une intégration commerciale plus grande avec l'Amérique du Nord se précise.

Les deux autres régions en développement — l'Afrique subsaharienne et l'ensemble Maghreb-Proche-Orient — demeurent globalement à l'écart de ce processus et conservent un mode d'insertion particulièrement défavorable dans l'économie mondiale. Les prix réels des produits de base et, dans le cas de l'Afrique subsaharienne, le volume de l'aide internationale continuent d'exercer une influence déterminante sur l'activité de ces économies.

Les échanges commerciaux pâtissent de la récession des pays développés

La récession qui a frappé les économies industrialisées — et surtout les États-Unis, de 1989 à la mi-1992 — a affecté négativement les échanges extérieurs des pays en développement, mais dans des proportions bien moindres que celle des premières années quatre-vingt. Celle-ci avait été, il est vrai, beaucoup plus sévère, mais au-delà de cet aspect quantitatif, les changements structurels intervenus en Amérique latine et dans la majeure partie de l'Asie expliquent en partie cette différence d'impact. Un signe est à cet égard particulièrement significatif : la croissance des volumes à l'exportation, bien que freinée en 1990-1992, a tout de même atteint en moyenne annuelle 8 % en Extrême-Orient, tandis qu'elle se maintenait au-dessus de 4 % en Amérique latine. La reprise attendue de la demande internationale de produits manufacturés, à partir du second semestre de 1993, devrait permettre un gain de 2 à 3 points de croissance des exportations en volume de ces deux régions.

Le creux conjoncturel au sein de la zone OCDE a eu toutefois un impact beaucoup plus négatif sur les prix des matières premières. Les prix en dollars des matières destinées à la transformation industrielle ont baissé d'environ un quart entre leur dernier pic de septembre 1990 et février 1993. Réagissant traditionnellement très vite aux inflexions de la production industrielle mondiale, ces prix ont cessé de baisser au printemps 1993 et pourraient se redresser sur un rythme modéré au cours des prochains trimestres. Ceux des matières destinées à la consommation alimentaire ont enregistré une baisse similaire, mais plus étale depuis leur dernier pic en juillet 1988. Accusant un trend à la baisse beaucoup plus marqué sur longue période en raison d'excès structurels d'offre sur un grand nombre de marchés, les prix des produits alimentaires seront beaucoup moins sensibles à la reprise de l'activité mondiale en 1994.

Le prix du pétrole était aussi engagé sur une tendance baissière depuis le milieu de l'année 1992, mais pour des raisons dépassant assez largement le cadre de l'évolution conjoncturelle mondiale. Celle-ci a bien pesé sur les prix au cours des deux années écoulées en donnant un coup d'arrêt à la consommation de brut dans la zone OCDE, mais ce sont surtout les problèmes posés par la réinsertion plus rapide que prévue de la production du Koweït sur le marché mondial et les perturbations aussi bien de l'offre que de la consommation de brut de l'ex-URSS qui expliquent l'essentiel des mouvements de prix depuis un an.

Proche de zéro en 1991, la production du Koweït a retrouvé en un temps record son niveau d'avant l'invasion irakienne d'août 1990. L'impact de la baisse de la production de l'ex-URSS étant pratiquement annulé par celui de la baisse de sa consommation, le redressement de l'offre du Koweït ne pouvait se faire sans peser sur les prix que si la consommation mondiale progressait rapidement ou si les autres producteurs de l'OPEP acceptaient de réduire tout de suite leurs productions. Aucune de ces deux conditions n'ayant été remplie, les prix ont glissé d'environ 10 % entre juillet et décembre 1992. Le rétablissement d'une grille de quotas de production en novembre et les baisses de production décidées en février 1993 par l'OPEP devraient permettre d'enrayer la chute des prix en attendant la reprise de la consommation mondiale, ce dans l'hypothèse où l'embargo sur les exportations irakiennes serait maintenu.

L'Afrique subsaharienne, dont les exportations sont encore constituées pour l'essentiel de produits de base, a été une nouvelle fois la région la plus affectée par les évolutions de prix. La baisse du dollar par rapport aux devises européennes et au yen en 1992 (– 10 % en glissement) a en outre dégradé le pouvoir d'achat de ses exportations, les prix des produits de base étant fixés en dollars. Au total, ses termes de l'échange ont baissé de 6 % en 1992, après 5 % en 1991 comme en 1990. Cette même baisse du dollar a exercé, en revanche, une influence positive sur les pays exportateurs de produits manufacturés, dont les politiques de change se définissent le plus souvent prioritairement par rapport à la devise américaine. Aussi bien les pays d'Asie que d'Amérique latine ont bénéficié, toutes choses égales d'ailleurs, d'une amélioration de leur compétitivité par rapport aux producteurs japonais et européens.

Amélioration des conditions financières

Contrairement aux prévisions pessimistes de l'année dernière, le *credit crunch* (« l'insuffisance des moyens de financement ») n'a pas eu lieu ; on a assisté, au contraire, à l'amélioration des conditions financières mondiales par la baisse des taux d'intérêt, la réduction de la dette du tiers monde et la récession.

La baisse extrêmement prononcée des taux d'intérêt américains à court terme constitue à l'évidence la différence majeure entre la récession de 1991-1992 et celle de 1980-1982 du point de vue de l'environnement extérieur des pays en développement. Cette baisse — près de 7 points entre le début du retournement conjoncturel au premier semestre 1989 et l'automne 1992 — s'est traduite par une économie de devises substantielle pour les pays ayant contracté une large partie de leur dette extérieure en dollars à taux variables. Sachant que l'encours de créances bancaires de cette nature est de 400 milliards de dollars environ, chaque point de baisse des taux courts américains se traduit avec un décalage d'un semestre par une réduction des charges d'intérêt de 4 milliards pour ces pays.

L'Amérique latine, qui concentre à elle seule plus de la moitié des dettes correspondantes, a largement bénéficié de cet allégement. Dans le même temps, plusieurs des États de cette région (Mexique, Vénézuela, Costa Rica, Uruguay, Argentine) parvenaient à signer et à finaliser des accords de réduction du service de leur dette extérieure dans le cadre du plan Brady. Ces accords, qui permettent de réduire la valeur nominale et/ou les taux d'intérêt des créances bancaires, ont eu un impact extrêmement favorable sur les pays bénéficiaires (parmi lesquels figurent aussi les Philippines et le Nigéria). Les charges d'intérêt sont ainsi revenues, pour l'Amérique latine, de 24 % de la valeur des exportations de biens et services en 1988 à 16 % en 1992. Elles n'ont toutefois pratiquement pas diminué depuis 1986 pour l'Afrique subsaharienne, restant stables à 10 % de la valeur des exportations, en dépit des mesures d'allégement des créances officielles mises en œuvre par certains pays industrialisés.

La faible rémunération des capitaux dans la zone dollar et le retour de la confiance dans certains des pays ayant bénéficié du plan Brady ont stimulé des flux importants de placements financiers vers ces économies, qu'il s'agisse de retour de capitaux exilés dans le passé ou de placements et investissements effectués par des agents non résidents. Les menaces de concurrence financière de la part des économies en transition d'Europe de l'Est ne s'étant guère concrétisées jusqu'à présent, l'épargne des pays industrialisés excédentaire, en période de récession, a trouvé assez facilement à se placer dans les économies convalescentes d'Amérique latine et à croissance rapide d'Asie. En particulier, les flux d'investissements directs internationaux vers les pays en développement ont connu un essor spectaculaire, passant de 19 milliards de dollars par an en 1989-1990 à 33 milliards en 1991-1992. La reprise espérée de l'investissement dans les pays de l'OCDE pourrait susciter des tensions financières plus vives en 1994.

Amérique latine : le retour de la confiance

Le trait caractéristique de l'évolution de la région depuis deux ans est le retour progressif de la confiance, qui se traduit par un afflux massif de capitaux, une reprise de l'investissement (+2 à 3 points de PIB) et un redressement sensible du taux de croissance. En 1992, l'Amérique latine a reçu 40 milliards de dollars de financements extérieurs nets et d'investissements directs. Un chiffre identique est attendu pour 1993. Cet engouement soudain pour une région considérée jusque-là comme sinistrée résulte tout d'abord des résultats spectaculaires enregistrés dans la lutte contre l'inflation et la résorption des déficits publics. A l'exception notable du Brésil (54,0 % du PIB de la zone), où l'inflation a atteint 1 150 % en 1992, l'inflation a régressé dans la plupart des pays. Elle est désormais inférieure à 20 % au Mexique, au Chili et en Argentine. Pour l'ensemble de la zone hors Brésil, l'inflation est revenue de 900 % en 1990 à 22 % en 1992, tandis que la croissance économique repartait sur un rythme de 4,5 % en 1992 comme en 1991. Seul le Brésil a continué de s'enfoncer dans la récession en 1992, mais il connaît depuis le début de 1993 une très forte reprise (17 % au premier trimestre). Cette reprise s'accompagne toutefois d'une inflation de 30 % par mois et d'un déficit public croissant.

En contribuant à casser les anticipations de dépréciation des taux de change, les accords de réduction de dette ont joué un rôle décisif dans le succès de la désinflation. La stabilisation des balances des paiements qu'ils ont rendu possible a en effet facilité l'ancrage, nominal ou réel, des taux de change par rapport au dollar, ce que n'avait réussi à faire aucun des plans hétérodoxes lancés jusque-là. Simultanément, la réduction du service de la dette extérieure, dont la majeure partie incombe aux secteurs publics, allégeait considérablement les charges d'intérêt de la dette publique, et donc les besoins de financement des États. En l'absence d'anticipations de dévaluation, les placements sur les marchés financiers locaux sont devenus d'autant plus attractifs que les taux d'intérêt baissaient fortement aux États-Unis.

TABLEAU I. — PAYS EN DÉVELOPPEMENT : CROISSANCE ET SOLDES COURANTS PAR GRANDES ZONES

	Croissance du PIB par habitant (Taux annuels en %)					**Soldes courants** (milliards de dollars)		
	1974-1983	*1984-1992*	*1991*	*1992*	*1993*	*1991*	*1992*	*1993*
Amérique latine	0,5	0,4	1,1	0,3	0,4	– 18	– 33	– 33
Extrême-Orient	3,2	5,3	4,1	6,1	4,9	– 7	– 21	– 27
— dont 4 NPIA	5,9	6,7	6,2	4,1	5,1	+ 7	– 2	– 3
— autres Extrême-Orient	2,0	4,6	3,0	7,1	4,8	– 14	– 19	– 24
Proche-Orient - Europe*	– 0,6	0,2	– 0,6	2,8	1,9	– 51	– 14	– 8
Afrique	– 0,3	– 0,6	– 1,1	– 1,7	0,0	– 4	– 8	– 7
— dont Afrique subsaharienne	– 0,6	– 0,8	– 1,9	– 2,5	1,4	– 9	– 9	– 9
— Afrique du Nord	0,3	– 0,2	– 0,5	– 0,1	– 2,8	+ 5	+ 1	+ 2
Total PED	1,9	2,6	2,2	3,5	3,0	– 80	– 77	– 75
Total hors Proche-Orient - Europe	2,7	3,4	3,1	3,7	3,1	– 29	– 63	– 67

* Cette zone, qui comprend plusieurs pays de l'Est, est trop hétérogène pour que ses résultats agrégés soient significatifs. Elle comprend en effet, outre les pays du Proche-Orient (Israël inclus), l'Égypte, la Libye et la Turquie, et certains pays d'Europe de l'Est (Hongrie, Pologne, Roumanie, ex-Tchécoslovaquie, ex-Yougoslavie).

Source : FMI, *Wolrd Economic Outlook*, octobre 1992 et mai 1993. Calculs de l'auteur pour la décomposition des zones d'Extrême-Orient et Afrique.

Utilisant largement les possibilités offertes par le marché secondaire des créances bancaires, les firmes étrangères ont pu participer, dans des conditions extrêmement favorables, aux programmes de privatisation, tandis que les résidents disposant d'une épargne à l'étranger ont commencé à la rapatrier.

Les problèmes sont toutefois loin d'avoir disparus : l'afflux de capitaux a provoqué un relèvement immédiat de la demande intérieure qui, dans un contexte d'ouverture commerciale, a été largement satisfaite par l'importation. Les déficits des paiements courants, qui avaient pratiquement disparu depuis 1983, n'ont pas tardé à se reformer, atteignant 3,5 % du PIB en Argentine et 6,5 % au Mexique en 1992. La conséquence immédiate en est la résurgence des craintes de dévaluation qui, si elles ne sont pas contrées rapidement, pourraient miner les dispositifs anti-inflationnistes. Sans doute ces déficits ont-ils été financés sans problème jusqu'ici, mais une part importante des capitaux entrés revêt un caractère hautement spéculatif et peut ressortir à la première alerte. La gestion du change sera donc encore au cœur des politiques macroéconomiques en 1993 et 1994 et pourrait constituer un frein à la reprise si la défense des monnaies devait rendre nécessaire un relèvement des taux d'intérêt.

Extrême-Orient : poursuite de l'ouverture

Zone fortement hétérogène par ses déséquilibres démographiques, la diversité de ses régimes politiques et de ses systèmes économiques, l'Extrême-Orient tend vers une unité de performance économique qui le distingue nettement des autres régions en développement. L'écart du taux de croissance de son PIB par habitant par rapport à celui des autres régions, qui était de l'ordre de 3 à 4 points par an sur la période 1974-1983, atteint 5 à 6 points par an depuis 1984. Aux succès fameux des nouveaux pays industrialisés d'Asie (NPIA : Corée du Sud, Taïwan, Singapour, Hong Kong) s'ajoutent désormais ceux de la Thaïlande, de la Malaisie, de l'Indonésie et de la Chine, qui ont engagé leur économie sur des voies semblables : celle d'une intégration dynamique à l'économie mondiale couplée à un assez fort degré d'interventionnisme interne. Avec une inflation généralement maîtrisée et des finances publiques en bon ordre, ces pays peuvent consacrer l'essentiel de leurs efforts aux réformes structurelles qui leur permettront de se maintenir sur un sentier de croissance rapide au cours des prochaines années.

Ces réformes sont de nature différente selon les trajectoires politiques des pays considérés et la précocité relative de leurs politiques d'intégration au marché mondial. Les NPIA de la première génération sont globalement confrontés à deux problèmes : la transition vers un modèle de croissance moins dépendant des exportations et davantage tourné vers la satisfaction de la demande intérieure (Corée du Sud, Taïwan), d'une part, la gestion des séquelles de la guerre froide et de la colonisation (Hong Kong, Corée du Sud, Taïwan), d'autre part. L'appréciation de leur monnaie (à l'exception de celle de Hong Kong) vis-à-vis du dollar à partir de 1989 a facilité et encouragé le recentrage de leur croissance. La récession touche, au premier semestre 1993, la Corée du Sud où l'apprentissage de la négociation sociale se révèle plus difficile que prévu. La gestion délicate de leurs relations politiques avec la Chine et la Corée du Nord dominera les prochaines années. La Chine, qui doit récupérer Hong Kong en 1997, ne semble pas avoir renoncé à une « réintégration » de Taïwan, qui a accru son effort d'armement en conséquence. L'extension en cours des mécanismes de marché à l'ensemble de l'économie chinoise a permis de relancer la croissance, qui atteint 12 % en 1992. La surchauffe actuelle pourrait bien toutefois rendre nécessaire à court terme des actions correctrices qui, dans le passé, ont généralement revêtu un caractère assez brutal. L'activité restera soutenue dans le reste de la zone, grâce notamment à la reprise de la demande internationale, qui, conjuguée à la hausse du yen, exercera un effet positif sur les exportations.

Maghreb-Proche-Orient : la quête de la stabilité

La conjoncture pétrolière demeure le principal ressort de l'activité de cette zone qui continue de dépendre des hydrocarbures pour l'essentiel de ses recettes en devises. Le redressement attendu du prix du pétrole en 1994 — en l'absence de réintégration de l'Irak sur le marché — et la croissance des volumes exportés permettront de relancer les importations après le coup d'arrêt de 1992. L'onde récessive propagée par le contre-choc pétrolier de 1986 continue de faire sentir ses effets dans les pays qui, comme l'Algérie, n'ont pas su profiter des ressources exceptionnelles captées dans les années soixante-dix pour diversifier leurs bases productives. A cette vulnérabilité économique s'ajoute, depuis quelques années, une montée des risques de déstabilisation politique dans les pays à forte population, qui se traduit par un durcissement des régimes en place (Égypte) et par une attitude de plus en plus restrictive des pays importateurs de main-d'œuvre (monarchies pétrolières du Golfe), vis-à-vis des flux migratoires intra-régionaux. Simultanément, les rivalités entre puissances régionales et les traces encore fraîches des deux guerres du Golfe encouragent la poursuite d'un intense effort d'armement, qui pèse lourdement sur les possibilités de croissance à long terme. Ce tableau négatif est toutefois nuancé par la perspective d'une issue au conflit israélo-arabe, qui ouvrirait la voie à un vaste effort de reconstruction des économies sinistrées ou exsangues de la région. La création, sur le modèle de la BERD, d'une institution régionale de financement apporterait de ce point de vue une contribution précieuse à la relance du développement dans cette partie du monde.

Afrique subsaharienne : poursuite de la dégradation

L'Afrique noire a subi une nouvelle dégradation de son revenu par habitant en 1992, qui prolonge de façon désastreuse une tendance amorcée il y a maintenant vingt ans. La visibilité internationale de ce scénario catastrophe s'est accrue de façon dramatique au cours des dernières années avec la multiplication des guerres civiles et des famines, qui s'ajoutent à la tragédie que constitue la diffusion de la pandémie du sida. Les prévisions d'accélération de la croissance en 1993 et 1994 présentées par le FMI revêtent, dans ce contexte, un caractère normatif évident. Le redressement économique régulièrement escompté pour l'année suivante est non moins régulièrement démenti par les faits, et ce en dépit des nombreux rapports vantant les succès des politiques d'ajustement structurel mises en œuvre sous l'égide de cette institution et de la Banque mondiale. En réalité, le diagnostic de surintervention de l'État, qui fonde ces politiques, masque mal la réalité de plus en plus criante d'absence d'État qui caractérise la majeure partie de cette région.

Bibliographie

FMI, *World Economic Outlook*, mai 1993.
OFCE, Département des diagnostics, *Cahier de graphiques mensuel*, avril 1993.

Bibliographie sommaire sur le développement dans la collection « repères »

La Dette du tiers monde, Pascal ARNAUD, 1991.
L'Économie chinoise, Françoise LEMOINE, édition refondue, 1993.
La Population mondiale, Jacques VALLIN, 1992.
L'Économie mondiale des matières premières, Pierre-Noël GIRAUD, 1989.
L'Économie mondiale de l'énergie, Jean-Marie MARTIN, 1990.
La Faim dans le monde, Sophie BESSIS, 1991.
Les Relations Nord-Sud, Christian COMÉLIAU, 1991.
Les Théories économiques du développement, Elsa ANIDON, 1992.
L'Économie de l'Afrique, Philippe HUGON, 1993.

IV / Progrès de la transition à l'Est

*Dominique Pianelli**

Trois ans après s'être lancés dans une politique économique de transition vers le marché, les pays de l'Est n'ont toujours pas regagné, et de loin, les niveaux de production qu'ils avaient atteints en 1989. Les résultats économiques de 1992 offrent cependant quelques signes d'espoir qui témoignent, dans certains cas, d'une moindre détérioration, voire d'une amélioration de la situation. Toutefois, le redressement repose sur des bases encore fragiles, la transition étant loin d'être achevée. La consolidation des progrès dépendra en partie du rôle que l'Ouest sera prêt à jouer dans ces pays, notamment par le biais de l'aide publique, de l'investissement direct et de l'ouverture de ses marchés.

État de choc

Fin 1992, les indicateurs de croissance et les indicateurs de déséquilibre montrent, comme ils le montraient à la fin 1991, que la situation économique reste très détériorée par rapport à celle qui prévalait avant l'adoption de l'économie de marché. Les PIB n'atteignent, selon les pays, qu'à peine 70 % à 80 % de leur niveau de 1989. La production industrielle et les investissements ont baissé davantage encore. La

* Chargée de mission au CEPII.

demande intérieure s'est fortement contractée du fait d'une compression des salaires réels oscillant entre 10 % (en Hongrie) et 40 % (en Bulgarie).

L'évolution des indicateurs de déséquilibre est également éloquente : le plus faible taux d'inflation cumulé sur trois ans est celui de la Tchécoslovaquie, « seulement » 92 %, tandis que le plus fort est le taux polonais, plus de 1 500 %. Quant au chômage, maladie officiellement inconnue en économie socialiste, il touchait, fin 1992, 5 % de la population active en Tchécoslovaquie et 15 % en Bulgarie.

Parmi les facteurs qui expliquent cette situation, trois semblent majeurs : la perte de cohérence économique induite par les réformes, l'éclatement du bloc socialiste et les politiques de stabilisation.

Modifier les règles du jeu économique pour passer du socialisme au marché consiste, dans une première phase, qui n'est d'ailleurs pas encore achevée, à démanteler le système centralisé de gestion et d'allocation des ressources. La décision économique que le pouvoir central abandonne est inégalement récupérée par les agents économiques décentralisés. Ceux-ci s'engagent, en général, là où les anciens modes de gestion étaient déficients : commerce de détail et services. En revanche, dans la grande industrie, les agents économiques ont tout bonnement perdu leurs repères et, inexpérimentés, n'ont pas toujours su adapter leur comportement aux nouvelles contraintes de l'activité. Les directeurs d'entreprise, jusque-là fonctionnaires sans grande initiative, sont directement confrontés à des responsabilités de gestionnaires et de patrons auxquelles ils n'étaient pas préparés.

Ensuite, l'éclatement du bloc socialiste se traduit par une baisse de moitié sur trois ans des échanges internes à la zone. Les conséquences de la rupture des liens sont directes, importantes pour l'ensemble du tissu économique, notamment pour les secteurs d'activité ou les grosses entreprises dont le développement était appuyé sur le marché soviétique.

Enfin, les politiques de stabilisation amplifient la récession par les contraintes exercées sur la demande et sur l'offre : libération des prix et contraction des revenus réels, d'une part, diminution des subventions à la production et restriction du crédit, de l'autre. Les différentiels d'inflation observés entre les pays, lorsqu'ils ne résultent pas des modalités mêmes de libération des prix dans chaque pays, correspondent le plus souvent à une hétérogénéité dans la rigueur salariale et dans l'ampleur des déséquilibres préexistants. Ainsi, la relative modération de l'inflation tchèque s'inscrit-elle pour partie dans un surajustement de la politique des revenus. Pour ce qui est des contraintes pesant sur l'offre, la diminution des subventions prive les producteurs d'un certain nombre de facilités et de moyens qu'ils ne sont pas à même de se procurer auprès d'un système bancaire embryonnaire et soumis lui-même à de fortes contraintes.

Des progrès relatifs

Les politiques de stabilisation — qui ont une part dans la détérioration de la situation, mais n'en portent pas l'entière responsabilité — jouent pourtant, là où elles sont entreprises avec le plus de cohérence, un rôle positif au moins sur certains indicateurs. C'est ainsi que, dès 1992, on observe une amélioration des évolutions tant conjoncturelle que structurelle.

Les progrès de la conjoncture se traduisent par le fait que, globalement, la croissance des pays d'Europe centrale et orientale a moins reculé en 1992 qu'en 1991. Dans le cas polonais — exemple qui illustre le mieux un effet positif des politiques de stabilisation —, il y a même progression. Après trois ans de transition, la Pologne affiche enfin un taux de croissance positif du PIB. Les estimations polonaises dont on dispose en début d'année 1993 évaluent la progression à +0,5/+2 %, contre −12 % en 1990 et −8 % en 1991. Cela est d'autant plus encourageant que la croissance a pâti d'un effondrement de la production agricole (−12 %). La production industrielle polonaise a, quant à elle, progressé de 4 points après des chutes de 24 % et 12 %, respectivement, les deux années précédentes.

D'autres pays voient leur rythme de décroissance du PIB se ralentir de moitié : c'est ce qu'on observe pour la Hon-

TABLEAU II. — INDICATEURS ÉCONOMIQUES

(Variations en % sauf mention contraire)

	Bulgarie	*Hongrie*	*Pologne*	*Roumanie*	*Slovaquie*	*République tchèque*
PIB						
1992-1991	– 8	– 5	+ 0,5/ + 2	– 15	– 9	– 7
1992-1989	– 26	– 19	– 18	– 32	– 25	– 22
Prod. indust.						
1992-1991	– 22	– 9	+ 4	– 22	– 13	– 11
1992-1989	– 54	– 30	– 36	– 49	– 37	– 34
Inflation						
1992	91	23	43	210	10	11
1992-1989	903	114	1 568	762	95	92
Chômage (en % de la population active)						
1992	15	12	14	8	10	3

Sources: statistiques nationales, pour 1992, données préliminaires et calculs de l'auteur.

grie et la Tchécoslovaquie, qui passent respectivement de – 12 % et – 15 % en 1991 à – 5 % et – 7 % en 1992, avec une production industrielle en recul de seulement 9 % et 12 % en 1992 contre 19 % et 23 % en 1991. En Roumanie, en revanche, le recul de l'activité est une nouvelle fois de l'ordre de 15 %. Enfin, la crise s'approfondit pour tous les États issus de l'URSS.

L'inflation connaît, sauf dans les cas de la Roumanie et de l'ex-URSS, une nette décélération. En Pologne, ce phénomène confirme la tendance observée en 1991 : près de 600 % en 1990, puis 70 % en 1991 et un peu plus de 40 % en 1992. Le maintien de la rigueur avec laquelle est menée, dans la plupart des pays, la politique des revenus et du crédit converge vers ces résultats qui auraient sans doute été meilleurs si les difficultés du secteur agricole n'avaient contribué à accroître partout les pressions inflationnistes.

Enfin, les progrès sont sensibles à l'exportation. On observe ainsi une amélioration d'au moins 10 % des ventes globales de la Hongrie et de la Pologne et une progression encore plus rapide (respectivement + 12 % et + 16 %) de leurs ventes à l'OCDE. Quant à la Tchécoslovaquie, elle n'accroît ses ventes qu'aux pays de l'OCDE, mais de plus de 40 % ! Il en va de même pour la Bulgarie (+ 27 %). Seule la CEI fait moins bien que l'URSS de 1991.

Ces bonnes performances à l'exportation traduisent les rapprochements institutionnels Est-Ouest : les accords d'association avec la CEE, puis ceux de libre-échange avec l'AELE semblent avoir eu un impact initial fort. Cet effet pourrait néanmoins s'essouffler. C'est ce qu'on observe déjà, à travers un certain nombre d'indices tels que l'affaiblissement de la volonté politique d'ouverture des marchés ouest-européens et la perte relative de la compétitivité-prix de certains produits est-européens du fait de la politique de taux de change. Cependant, les pays qui ont les meilleures performances d'exportations n'en voient pas pour autant leurs soldes commerciaux s'améliorer. A l'exception de la CEI, qui conserve un solde positif, tous les pays de l'Est, surtout la Tchécoslovaquie et la Roumanie, enregistrent pour la première fois depuis plusieurs années un déficit dans leurs échanges avec l'OCDE.

Les progrès de la privatisation et la modification des conditions de l'activité sont également sensibles. Si la privatisation est mise en œuvre à des degrés variables, tous les pays d'Europe centrale et orientale et presque tous les États issus de l'URSS en ont d'ores et déjà adopté le principe et parfois le cadre législatif. On observe, depuis le début de la transition, un double phénomène : d'une part, l'émergence, parfois notable, du secteur privé dans tous les domaines de l'activité ; d'autre part, le lancement de programmes de privatisation du secteur public.

Selon les estimations nationales, la part du secteur privé dans l'économie serait passée à 45 % en Pologne, 30 % en Hongrie, 20 % en Tchécoslovaquie, un peu plus de 20 %, semble-t-il, en Roumanie et 10 % en Bulgarie. Les secteurs les plus privatisés sont ceux du commerce de détail et de la construction. Dans l'industrie, où le processus est beaucoup plus lent, on observe néanmoins une progression de la contribution des agents non publics. Ceux-ci auraient, par exemple, assuré, en 1992, 30 % de la production industrielle polonaise.

Mais c'est en Hongrie que le processus de cession du capital public proprement dit est le plus avancé. Le phénomène s'est accéléré en 1992 : vente de nouveaux actifs en Hongrie, distribution en Tchécoslovaquie. La privatisation du secteur public en Pologne a été, en revanche, retardée du fait des pressions politiques diverses qu'a subies le gouvernement de large coalisation dans la mise au point des textes.

A côté de la privatisation de l'économie, on observe une modification notable des conditions de l'activité. S'il est difficile de parler encore de régulation par le marché, les mesures de stabilisation et de libéralisation ont bien assuré une rupture avec l'économie socialiste en mercantilisant les comportements. Les activités susceptibles d'être un rapport rapide et nécessitant peu d'investissements — commerce, distribution — se sont particulièrement développées, y compris dans le secteur public industriel.

Le chemin parcouru par les sociétés, pour être important, n'en est pas pour autant terminé et les chances pour qu'il s'inscrive dans la croissance et la stabilité restent fragiles.

Les sources d'instabilité subsistent

Les menaces sont essentiellement liées à la fragilité des équilibres macroéconomiques et à la nécessaire lenteur des restructurations.

Dans la mesure où la faiblesse de la demande intérieure risque d'être durable, le principal moteur de la croissance reste l'exportation. Les progrès les plus évidents ont été observés sur les marchés de l'OCDE, en particulier ceux de la CEE et, en son sein, sur le marché allemand. Cependant, les perspectives d'exportation est-européennes sont aussi moroses que le sont celles de la croissance en Allemagne et en Europe occidentale. Ainsi, le ralentissement de l'activité économique à l'Ouest affectera directement la demande de produits est-européens et encouragera un certain protection nisme. En effet, si les produits est-européens restent attractifs, notamment du fait de la faiblesse des coûts de main-d'œuvre, ils appartiennent à des secteurs qui restent sensibles pour la CEE. Plus de 20 % des ventes bulgares, hongroises et polonaises à la CEE sont composées de produits agro-alimentaires. Plus de 10 % des exportations bulgares et tchèques concernent la sidérurgie. Entre 10 % et 20 % des ventes bulgares, hongroises, polonaises et roumaines portent sur les produits textiles.

Il faut ajouter à cela les risques d'instabilité économique et sociale sur le plan interne. Malgré les taux déjà élevés de chômage parfois atteints, rien de laisse prévoir que, dans le contexte décrit, les créations d'emplois soient à même de compenser les suppressions. Les sureffectifs restent encore importants par rapport à ce qu'exigerait une amélioration déterminante de la productivité du travail, au moins en comparaison des standards occidentaux. Dans l'industrie en particulier, l'emploi a, jusqu'ici, globalement moins baissé que la production. En plus, dans certains pays, l'application de procédures de faillite, si elle est déterminée, va avoir une incidence sensible sur l'emploi, variable selon les régions et les pôles industriels touchés. Le problème du chômage renvoie à celui de la prise en charge des exclus du marché du travail, à son coût pour le budget de l'État. Cette dépense nécessaire grèvera inévitablement des soldes budgétaires déjà fragiles.

En outre, les pressions inflationnistes peuvent se renforcer. D'abord, tous les pays n'ont pas encore achevé le processus de libération des prix, ni celui de la modernisation fiscale. Ensuite, on peut envisager un accroissement de la résistance des salariés à la dégradation de leurs revenus réels. La concentration encore importante de la production peut favoriser la combativité et la capacité d'organisation des ouvriers. Enfin, la tentation d'une relance économique par la demande intérieure n'est pas à écarter.

A ces sources d'instabilité s'ajoute le poids des transformations structurelles encore à effectuer. Trois problèmes majeurs restent à l'ordre du jour de la politique économique en Europe de l'Est : la privatisation, la réforme de l'intermédiation financière et la définition des options pour la ges tion du secteur public. La privatisation est un processus lent parce que ses modalités techniques et juridiques sont complexes. Elle l'est également parce que la faiblesse des ressources nationales mobilisables rend nécessaire l'appel au capital étranger. Or, l'afflux d'investissements reste soumis aux anticipations sur la stabilité économique, politique et sociale. En outre, sans système bancaire fiable et sans marché financier digne de ce nom, la privatisation peut perdre de son efficacité. En dehors de la Hongrie et récemment de la Bulgarie, qui ont opté pour le principe de la vente des actifs, les autres pays ont préféré en distribuer une partie à la population (privatisation dite de masse). Dans ce dernier cas, les modalités de gestion de ce capital, désormais éparpillé, varient selon les pays. Les Polonais ont opté *a priori* pour une gestion par le biais de fonds d'investissement. Les Tchèques ont adopté des formules comparables de regroupement volontaire de capital pour en optimiser la gestion.

Quelle que soit la formule retenue, aucun pays ne peut faire l'économie d'une réforme de son système bancaire dont le premier volet concerne la résorption des créances douteuses héritées d'un système qui faisait peu de cas de la solvabilité des emprunteurs. Mais, pour entreprendre et mener à bien cette réforme majeure pour dynamiser le financement de la modernisation, encore faut-il disposer de cadres compétents, capables d'identifier la rentabilité des opérations et de calculer un risque. Même les Hongrois, que l'on peut considérer comme les « meilleurs financiers » de l'ancien bloc, n'ont pas encore réussi à faire de leurs banques commerciales des partenaires dynamiques des entreprises. La Hongrie et la Pologne ont annoncé leur détermination à engager le processus dès 1993.

Enfin, par-delà la question de la privatisation, le problème central demeure celui de rendre l'industrie compétitive, qu'elle soit privée ou publique. Cela pose le problème de la modernisation de la gestion des entreprises publiques et celui, plus large, de la politique industrielle.

Le rôle de l'Ouest

L'Ouest a un rôle à jouer à l'est de l'Europe. Les enjeux sont énormes tant économiquement que politiquement. Ouvrir les marchés, apporter le savoir-faire, les moyens financiers et les entreprises sont les seules façons de consolider les conditions de développement et de rendre solvables les millions de nouveaux consommateurs potentiels.

Les entrepreneurs occidentaux s'intéressent à ces marchés : à l'été 1992, les investissements étrangers annoncés — non forcément réalisés — étaient de près de 13 milliards de dollars, répartis inégalement entre les pays : 30 % pour la Hongrie, 30 % pour l'ex-URSS, 10 %, 8 % et 4 %, respectivement, pour la Pologne, la Tchécoslovaquie et la Roumanie. L'accélération observée en 1992 des investissements en Hongrie et en Tchécoslovaquie pourrait se déplacer sur la Pologne, compte tenu des meilleurs résultats de ce pays et de la séparation tchécoslovaque. L'efficacité économique de ces investissements étrangers commence à se faire significative, au moins dans quelques pays et secteurs d'activité comme l'automobile et le tourisme. Leur montant reste néanmoins limité et, dans tous les cas, très en deçà de ce dont l'Allemagne orientale bénéficie.

A côté de l'investissement direct, il y a l'aide. Pour l'essentiel, il s'agit de donner aux pays les moyens d'une solvabilité minimale. L'aide peut prendre la forme de réductions de charges ou d'apports financiers qui ne seraient d'ordinaire pas consentis au regard des risques. Il peut s'agir ensuite d'un transfert de capitaux. Celui-ci n'est pas accordé à titre gratuit ou quasi gratuit, mais sous forme de prêts aux taux du marché. Au total, les déboursements effectifs ne portent que pour une part, estimée parfois au quart, de l'aide annoncée. En retenant cette proportion, leur montant sur la période 1989-1991 serait ainsi équivalent à celui des investissements étrangers — près de 13 milliards de dollars, répartis inégalement entre les pays —, sans qu'il soit possible de déterminer la part effectivement versée. On est loin de répondre aux besoins, estimés, selon les organismes et les méthodes de calcul, à des sommes qui vont de 50 à 300 milliards de dollars par an sur cinq à dix ans !

Envisager la croissance des pays de l'Est sous l'angle d'un rattrapage, à terme identifié, des niveaux de développement ouest-européens semble, surtout dans ces conditions, difficile. Les niveaux de croissance exigés pour ce faire sont peu compatibles avec les conditions actuelles et prévisibles de l'activité économique dans le contexte national et international. Mais, entre une aide minimale et un soutien maximal, il reste une large marge où l'Ouest pourrait encore accroître son intervention sous des formes multiples : conseil, formation, assistance technique, financement... Les efforts consentis par les sociétés est-européennes ont été importants. La réaction de populations qui n'en verraient pas les fruits pourrait bien être préjudiciable à tout un continent. Selon des sondages effectués courant 1992, plus de 80 % de l'opinion hongroise, polonaise et russe se déclaraient insatisfaits de la situation économique. Comme le disait le président américain Clinton à la veille de son premier sommet avec Boris Eltsine, qui s'est tenu le 4 avril 1993 à Vancouver : « Nous devons faire ce que nous pouvons, nous devons agir maintenant, non par charité, mais parce que c'est un bon investissement. »

Bibliographie

Crosnier M.A., Broclawski J.P. et Holcblat N., « Tableau de bord économique 1992 de l'ex-URSS et des pays d'Europe centrale et orientale », *Le Courrier des pays de l'Est*, n° 375, décembre 1992.

Grosser I. et *al.*, « Shared Aspirations, Diverging Results », *WIIW*, n°s 191 et 192, février 1993.

Holcblat N., « La transition vers le capitalisme en Europe centrale et orientale », *Économie et statistique*, n° 260, décembre 1992.

ONU, Commission économique pour l'Europe, *Economic Survey of Europe 1992-1993*, ONU, New York, 1993.

II / LES DOSSIERS STRATÉGIQUES

V / Le GATT dans l'impasse ?

*Hervé Bonnaz**

L'Accord général sur les tarifs douaniers (le GATT en anglais), créé en 1947 à l'instigation des États-Unis, traverse une période difficile. Le huitième cycle de négociations, engagé à Punta del Este (Uruguay) en 1986, d'où son nom d'*Uruguay Round*, est le théâtre d'un affrontement entre les deux plus grandes puissances commerciales du monde, les États-Unis et la Communauté européenne. Depuis l'échec de la réunion ministérielle de Bruxelles en décembre 1990, qui devait permettre de clore le cycle des négociations, le degré d'avancement des discussions varie en fonction de données largement politiques. Mais des raisons plus profondes concourent à fragiliser le GATT. Notamment, son incapacité à faire respecter les règles du commerce international élaborées sous son égide lui fait perdre peu à peu la crédibilité que ses succès antérieurs lui avaient permis d'acquérir.

Les particularités de l'Uruguay Round

Lors des précédentes négociations, les accords conclus avaient pour objet principal la réduction et la simplification des tarifs douaniers et des obstacles non tarifaires. Le Kennedy Round, achevé en 1967, a permis de baisser de moitié

* Chargé d'études à la Direction de la prévision.

Le GATT et les précédents cycles de négociations

L'Accord général sur les tarifs douaniers et le commerce — le GATT — est un accord intérimaire, en place depuis 1947, qui a survécu à la mort, prématurée, de l'Organisation internationale du commerce, dont le traité fondateur n'a jamais été ratifié par le Congrès américain.

Le GATT, champion du libre-échange, est un accord résolument mercantiliste puisqu'il pose le principe de la négociation d'accords « réciproques et mutuellement avantageux », subordonnant ainsi l'abaissement des barrières commerciales à l'équilibre bilatéral des concessions.

L'Accord général repose sur deux principes fondamentaux : la clause de la nation la plus favorisée, qui impose d'étendre à toutes les parties le bénéfice des concessions accordée à l'une d'entre elles, et le traitement national, qui ne permet pas de favoriser la production nationale au détriment des produits importés. Le GATT a aussi une fonction de greffier, auprès duquel sont enregistrées les listes de consolidations tarifaires des différentes parties.

Aux vingt-trois signataires originaux sont venus s'ajouter quatre-vingt-huit parties contractantes*, qui ont négocié leur adhésion en consolidant à un niveau donné tout ou partie de leurs droits de douane.

Le GATT a une fonction arbitrale. Il instruit les contentieux entre parties contractantes. Des groupes spéciaux proposent une analyse de la situation et élaborent des recommandations qui sont soumises aux parties contractantes : celles-ci prennent leur décision par consensus.

Plusieurs cycles de négociation ont permis un abaissement spectaculaire des barrières douanières dans les pays industrialisés. L'*Uruguay Round* est le huitième après, en particulier, le *Dillon Round* (1960-1962), le *Kennedy Round* (1964) et le *Tokyo Round* (1974-1979).

Le Tokyo Round est le premier dans lequel des accords importants ont été négociés sur les obstacles non tarifaires (en particulier, les normes, les subventions et les droits antidumping).

Source : Boittin J.F., « GATT, l'Uruguay Round dans l'impasse » *in Économie mondiale : de Berlin à Bagdad*, Economica, Paris, 1991.

* Chiffre mis à jour le 15 juin 1993.

les tarifs douaniers appliqués par les pays développés sur la plupart des biens manufacturés. Le Tokyo Round, clos en 1979, s'est surtout concentré sur les obstacles non tarifaires en élaborant une réglementation qui permette d'en limiter l'arbitraire.

Le cycle de négociations actuellement en cours, l'Uruguay Round, diffère des cycles précédents essentiellement sous deux aspects.

En premier lieu, le poids relatif des États-Unis dans l'économie mondiale s'est sensiblement réduit depuis la fin des années soixante. L'administration américaine n'est plus en mesure de jouer le rôle de leader qui a été le sien depuis la fin de la Seconde Guerre mondiale. Ce phénomène, déjà perceptible au cours de Tokyo Round, semble jouer plus fortement à présent. Depuis 1983, en effet, et jusqu'à aujourd'hui, la balance commerciale des États-Unis a été en déficit. Quelles qu'en soient les raisons (de nature conjoncturelle ou non), cette situation a incité les entreprises américaines les plus exposées à la concurrence internationale à réclamer des mesures de protection, demandes relayées assez largement par le Congrès. Pour répondre à cette nouvelle exigence, l'administration américaine s'est dotée, au milieu des années quatre-vingt, d'une législation du commerce extérieur qui lui permet, en vertu des procédures des sections 301, super-301 et spécial-301, de mettre en œuvre des mesures unilatérales de rétorsion contre les pays dont les procédures commerciales sont jugées déloyales.

En second lieu, les parties prenantes à l'Uruguay Round ont décidé d'adopter une approche globale des échanges internationaux. Cette approche présente plusieurs inconvénients dont celui du « tout ou rien » : ou bien on parvient à un accord global, ou alors il n'y a pas d'accord du tout. Ce souci d'une plus grande cohérence d'ensemble a rendu les débats plus complexes. Des secteurs exclus, précédemment, des discussions, l'agriculture et les services essentiellement, ont été inclus dans la négociation. Des thèmes transversaux ont également été intégrés à la négociation : la protection de la propriété intellectuelle, l'accueil aux investissements directs... L'abaissement des tarifs douaniers (l'« accès au marché », dans la terminologie du GATT), et plus particulièrement de ceux afférents aux produits manufacturés, constitue toujours cependant une priorité. Une large part des discussions porte encore sur ce thème. Toutefois, le dossier agricole est celui qui pose le plus de difficultés.

L'agriculture, nouvel enjeu stratégique

L'impasse, qui dure depuis la réunion ministérielle de Bruxelles en décembre 1990, tient principalement au conflit qui oppose les États-Unis à la Communauté européenne sur la libéralisation des échanges agricoles. Il est clair que le règlement du contentieux agricole est une condition *sine qua non* à la conclusion d'un accord global.

La Communauté européenne et les États-Unis ont, chacun, un système complexe de protection de leur agriculture. La politique agricole commune (la PAC), mise en œuvre en 1962, permet aux agriculteurs européens de bénéficier de prix garantis tant sur le marché intérieur de la CEE que sur les marchés à l'exportation. Plus précisément, les mécanismes mis en place avec la PAC prennent la forme d'achats publics à prix garantis sur le marché communautaire (interventions), de subventions à l'exportation (restitutions) et de barrières à l'importation par le biais de taxes variables (prélèvements). Les mesures aux frontières permettent de combler la différence entre le prix garanti et le prix mondial (en fait, le prix intérieur sur le marché américain) qui lui est inférieur. Elles assurent à l'exploitant que sa production sera écoulée au prix garanti. Ces mécanismes concernent en tout premier lieu les céréales, la viande bovine, le sucre et les produits laitiers.

Le système américain, quant à lui, est plus souple. Il définit une aide en grande partie découplée de la production. Cette aide, payée par le contribuable, est clairement identifiée et elle autorise un fonctionnement des mécanismes de marché sans distorsions majeures. Cependant, depuis 1985, des subventions directes aux exportations (les *Export Enhancement Programs*), vers des pays choisis par l'administration américaine, ont été instaurées afin de reprendre des marchés à l'Europe.

Au cours des *rounds* précédents, l'agriculture a été, en grande partie, tenue à l'écart du processus de libéralisation des échanges. Les règles issues des politiques agricoles, les subventions à l'exportation en particulier — bien que contraires aux principes énoncés par le GATT — étaient acceptées comme une nécessaire exception. Cependant, depuis que les effets pervers des systèmes de protection agricole ressortent clairement, l'agriculture est devenue l'enjeu majeur des négociations.

Avant sa réforme en mai 1992, la PAC était, en effet, devenue coûteuse. L'existence de prix garantis avait entraîné une surproduction telle que les stocks communautaires s'étaient gonflés dans des proportions importantes. Pour écouler ces excédents, les subventions à l'exportation ont dû être augmentées, ce qui a provoqué une guerre des prix sur le marché mondial. Ce phénomène a été particulièrement marqué pour les céréales et la viande bovine. Pour les secteurs comme le lait ou le sucre, dont la production était soutenue et contingentée, le coût budgétaire a pu être limité, mais au prix d'une forte rigidité du système des quotas, ce qui a constitué un frein à l'amélioration de ces secteurs. Au total, le coût de la PAC est devenu de plus en plus élevé en Europe, tant pour le contribuable que pour le consommateur (respectivement 27 milliards et 33 milliards d'écus en 1989), sans pour autant freiner la chute du revenu moyen des agriculteurs. Au cours de la décennie quatre-vingt, le système de protection américain a connu une crise analogue, bien que d'ampleur moindre.

Dans ce contexte, la pression pour une réforme des systèmes de protection était très forte. Elle s'est logiquement manifestée dans le cadre du GATT. Bien que les systèmes européen et américain aient conduit à des inefficacités comparables, les États-Unis se sont placés sur une position nettement offensive en exigeant de la CEE des concessions unilatérales. Car, s'il est vrai que les dépenses globales par habitant sont équivalentes de part et d'autre de l'Atlantique, le système américain permet une identification plus claire de l'aide au revenu, alors que celle-ci est noyée dans le prix garanti en Europe. De surcroît, la PAC et, en particulier, le système de subventions aux exportations ont permis aux Européens de gagner des parts du marché mondial — notamment céréalier — au détriment des Américains. Or, ces derniers estiment que leur agriculture est plus compétitive et qu'ils auraient tout à gagner à une libéralisation des échanges agricoles. Réduction des prélèvements et suppression des subventions à l'exportation constituent donc pour eux une priorité.

En mai 1992, la Communauté européenne a adopté une réforme de sa politique agricole. *Grosso modo*, cette réforme consiste à substituer partiellement aux soutiens par les prix des aides directes au revenu conditionnées par des réductions quantitatives de production (gel des terres). Son objectif est de réduire les excédents en découplant l'aide du volume de production. Cette réforme, si elle n'a pas à être soumise à l'approbation américaine, n'en a pas moins une influence sur les négociations du GATT. Or, les États-Unis cherchent, avant tout, à obtenir de la Communauté européenne une réduction des exportations aidées et un plus grand accès à son marché intérieur, c'est-à-dire, en fait, à modifier les règles de partage quantitatif du marché mondial à leur profit. En novembre 1992, la Commission et l'administration américaine ont défini un préaccord sur l'agriculture (dit de *Blair House*) allant dans ce sens. Les termes de ce préaccord sont-ils compatibles avec la réforme de la PAC ? Des experts de plusieurs pays membres en doutent. Pour les États-Unis, l'enjeu majeur de ces négociations est de revenir au partage du marché mondial qui prévalait avant 1980. Pour la Communauté européenne, il s'agit, d'une part, de faire accepter par les Américains la réforme de la PAC et la limitation du niveau des soutiens à l'exportation comme suffisantes ; d'autre part, d'empêcher que ces mesures imposent des restrictions quantitatives à l'exportation qui fausseraient le jeu des avantages comparatifs, dont elle peut disposer sur certains produits.

Les autres parties prenantes à la négociation sont proches des positions américaines ou européennes en fonction de leurs intérêts propres. Les pays scandinaves, la Suisse et le Japon, qui ont une agriculture très protégée (au Japon, par exemple, les importations de riz sont interdites), sont plutôt du côté des Européens. Des puissances agricoles comme l'Australie, la Nouvelle-Zélande et l'Argentine (groupe de Cairns), qui soutiennent peu leur agriculture, défendent les thèses des États-Unis, même s'ils critiquent le régime de subventions pratiqué par ce pays.

Les autres dossiers en discussion

Malgré la focalisation des débats sur l'agriculture, le GATT reste avant tout le lieu où se discute la libéralisation des échanges de produits manufacturés. Au début de 1993, si quelques secteurs posaient encore problème, les parties prenantes à l'Uruguay Round étaient d'accord sur beaucoup de points.

Pour ce qui concerne les échanges de produits manufacturés, la réintégration progressive (à un horizon de dix ans) des accords multifibre (AMF) dans le GATT semble désormais acquise, en dépit des réticences occidentales. Depuis le 20 décembre 1973, les échanges de produits issus de l'industrie textile, font, en effet, l'objet d'un traitement à part, puisqu'ils sont régis par des accords bilatéraux (les AMF), qui prennent la forme de contingentements des importations en provenance des pays en développement. La réintégration des AMF signifie la suppression de ces contingentements, dont le principe est contraire aux règles du GATT. Ce dossier fait l'objet d'un conflit Nord-Sud ; l'absence d'accord définitif conduit à proroger ce système d'année en année.

Les autres dossiers « sectoriels » ne semblent pas aussi difficiles à régler. La libéralisation des échanges de services, qu'il a été décidé d'inclure au programme de négociation à Punta del Este en 1986, à la demande initiale des États-Unis, et malgré la réticence de l'Europe, en est un exemple.

Sur ce dossier, l'état des négociations au début de l'année 1993 met en évidence un renversement des positions initiales de chacun. L'Europe, sous l'impulsion de la France en particulier, recherche un accord allant dans le sens d'une libéralisation des échanges de services, tandis que les États-Unis sont sur la défensive et se contenteraient du *statu quo*. Ce renversement peut s'expliquer par le fait que la constitution du Marché unique à compter du 1er janvier 1993 s'est traduite par une large ouverture du marché de la Communauté européenne sur l'extérieur alors que, dans le même temps, les États-Unis n'apportaient aucune modification à leur réglementation. La législation américaine définit, par exemple, un cloisonnement géographique très strict des activités financières qui empêche pratiquement toute pénétration du marché bancaire américain. Les pays en développement, quant à eux, ont obtenu qu'un éventuel accord sur les services puisse ne pas être rattaché au GATT s'ils ne peuvent y souscrire. Ils considèrent, en effet, que la libéralisation des échanges de services et, en particulier, le droit au libre établissement des sociétés de services risqueraient d'anéantir certains secteurs vitaux pour leur souveraineté (tels la banque et les transports aériens).

Parmi les autres sujets, il convient de signaler les règles touchant à l'accueil des investissements directs, à la protection de la propriété intellectuelle, au code des subventions, à l'accès aux marchés publics... Les deux derniers sujets méritent une mention particulière.

Les subventions à l'exportation sont, théoriquement, interdites par le règlement du GATT. En fait, cette règle a souffert de nombreuses exceptions, dont la plupart sont issues de l'agriculture. Par ailleurs, des subventions peuvent, sans être directement destinées à favoriser les exportations, avoir une influence sur celles-ci et provoquer un contentieux. Les subventions versées par les gouvernements européens à Airbus et contestées par les États-Unis en constituent un exemple. Celles-ci ont toutefois fait l'objet d'un accord bilatéral conclu en mai 1992. Critiqué par le président Clinton en février 1993, cet accord pourrait être dénoncé par l'administration américaine et le régime des subventions à l'aéronautique, multilatéralisé, ce qui signifierait son intégration à terme dans l'Accord général. Or, les négociations actuelles de l'Uruguay Round semblent tendre dans le sens d'un durcissement de la réglementation sur les subventions. Ainsi, il est probable que les subventions en faveur de l'environnement, ainsi que celles destinées aux restructurations industrielles, sans être interdites, pourront faire l'objet d'un contentieux s'il se révèle qu'elles ont une influence sur les exportations. De plus, dans la nouvelle réglementation, la charge de la preuve serait inversée : désormais, ce serait au pays faisant l'objet de la plainte de prouver que les subventions qu'il distribue ne provoquent pas de distorsions. Enfin, les subventions à la recherche-développement et celles accordées aux régions seraient permises, mais dans un cadre très strict.

Par ailleurs, les discussions délicates sur l'accès aux marchés publics qui se situent, formellement, en marge du GATT, n'en ont pas moins une influence sur les négociations. Dans le cadre du Marché unique, entré en vigueur au 1er janvier 1993, le Conseil européen a décidé d'instaurer une réglementation qui introduit une discrimination entre les offres européennes et les autres. Cette réglementation répondait simplement à une législation américaine similaire. Elle est devenue rapidement un sujet de contentieux.

Depuis le préaccord de Blair House, les négociations piétinent

Le préaccord de Washington (dit de Blair House) sur l'agriculture, signé en novembre 1992 par la Commission et l'administration américaine, prévoit une baisse progressive des subventions à l'exportation (réduction de 36 % du budget alloué aux subventions) et une diminution du volume des exportations aidées (– 21 %) ; une plus grande ouverture au marché de la Communauté par une baisse des tarifs ; et une baisse du soutien interne à l'agriculture (que ce soit par les prix ou au moyen d'aides directes). D'après certains experts, à moins qu'une série d'hypothèses optimistes — reprise de la demande mondiale et appréciation du dollar, par exemple — ne se réalise, les termes de ce préaccord ne seraient pas compatibles avec la réforme de la PAC et leur mise en œuvre exigerait une révision de celle-ci.

En outre, le gouvernement français conteste la validité de cet accord, considérant que la Commission a agi sans mandat du Conseil des ministres. En juin 1993, il accepte cependant de faire un geste sur le dossier des oléagineux pour montrer sa bonne volonté. Il est vrai que la plupart des experts ne le trouvaient pas très défavorable à l'Europe ni à la France en particulier.

L'administration Clinton, de son côté, ne semble pas prête à céder. Les nombreux contentieux commerciaux créés à son initiative depuis sa mise en place en janvier 1993 témoignent d'une certaine volonté de protectionnisme, dont on ne peut dire pour l'instant jusqu'où elle ira. Ces contentieux ont un rapport plus ou moins direct avec l'Uruguay Round et ont de toute façon une influence déterminante sur le climat des négociations. Leur règlement conditionne donc la finalisation du cycle de négociations. Un accord partiel a pu être trouvé en avril sur l'accès aux marchés publics (seul le secteur des télécommunications pose encore problème), mais de nombreuses questions demeurent, comme celle soulevée par la mise en place, en janvier 1993, d'une surtaxe temporaire de 110 % sur les importations de certaines catégories d'acier en provenance de 19 pays, dont plusieurs membres de la CEE.

Depuis février 1993, les négociations sont au point mort, pour des raisons institutionnelles. Le mandat accordé par le Congrès à l'administration américaine (le *fast-track*, qui expirait le 2 mars, a été renouvelé au mois de mai. Par ailleurs, au cours du mois d'avril, le débat interne à la Communauté sur la définition d'une position commune a été stoppé pour laisser le temps au nouveau gouvernement français de définir une position. De plus en plus isolée sur le front du GATT, la France a repris l'initiative au mois de mai et de juin, acceptant le volet oléagineux du préaccord de Washington, en contrepartie de l'obtention d'une aide supplémentaire à ses agriculteurs, dans le cadre de la PAC réformée.

Le devenir du GATT

Le Japon assiste en spectateur réjoui au conflit qui oppose les États-Unis et l'Europe. Aucun des enjeux de l'Uruguay Round ne le concerne vraiment. Il a su protéger son marché intérieur en utilisant massivement des obstacles non tarifaires qui échappent en grande partie au contrôle du GATT.

La crédibilité du GATT est sérieusement mise à mal. On estime que plus de 75 % des échanges internationaux ne sont pas conformes aux règles élaborées sous son égide. La création ou le renforcement récent de blocs commerciaux, tels que le marché unique ou l'ALENA (ce dernier associant dans une zone de libre-échange le Canada, les États-Unis et le Mexique), contribue à fragiliser encore un peu plus le GATT, dont un principe de base est le multilatéralisme.

Dans ces conditions, la création d'une Organisation mondiale du commerce, qui disposerait des moyens de se faire respecter, est de nouveau à l'ordre du jour et fait partie du programme de l'Uruguay Round. Mais elle ne semble pas avoir la faveur du Congrès américain, qui devrait au préalable renoncer aux droits de rétorsion qu'il s'est accordé par les procédures des sections 301.

De nombreux participants aux négociations s'accordent pour affirmer que la signature d'un accord final, si elle n'avait pas lieu avant la fin de l'année 1993, réduirait sensiblement la probabilité de parvenir jamais à un accord. La prise de conscience des conséquences d'une telle situation devrait inciter les gouvernements à trouver un compromis. Cela dit, cette menace a été déjà brandie à plusieurs reprises, en décembre 1990 notamment. La nomination d'un nouveau secrétaire général du GATT en juin 1993 pourrait donner un nouvel élan à la recherche d'un compromis.

Bibliographie

RAINELLI M., *Le GATT*, La Découverte, « Repères », Paris, 1993.

KHAVAND F.A., « Les écueils de l'Uruguay Round », *in L'Économie mondiale 1993*, La Découverte, « Repères », Paris, 1992.

BOITTIN J.F., « GATT, l'Uruguay Round dans l'impasse », *in Économie mondiale, de Berlin à Bagdad*, Économica, Paris, 1991.

Géopolitique, revue de l'Institut international de géopolitique, « Du GATT et des hommes », n° 41, printemps 1993.

VI / La crise monétaire et l'avenir de la CEE

*Gérard Lafay et Deniz Unal-Kesenci**

Dans les années quatre-vingt, face au flottement erratique des taux de change, la mise en œuvre du Système monétaire européen (SME) a constitué un progrès décisif. En avril 1989, le rapport du comité présidé par Jacques Delors a voulu aller plus loin et engager la Communauté dans la voie de l'Union économique et monétaire (UEM), avec pour objectif la création d'une monnaie unique. Le traité de Maastricht, signé par des chefs d'État et de gouvernement le 7 février 1992, a repris les grandes lignes de ce rapport, en y rajoutant deux éléments importants : fixation d'un calendrier définitif et engagement irréversible de la part des États membres. La référence à une date déterminée devait jouer un effet mobilisateur pour les États et l'opinion publique, comme l'avait été le 31 décembre 1992 pour le Marché unique.

Le projet d'Union économique et monétaire supposait acquise la stabilité des taux de change, qui avait effectivement été obtenue au sein du SME depuis 1987. Or, au moment même où les États de la Communauté ratifiaient, les uns après les autres, le traité de Maastricht, le SME a été gravement déstabilisé et la montée du chômage dans la plupart des pays membres a réduit la crédibilité du dispositif proposé pour aboutir à l'UEM. Si l'on veut poursuivre la

* Gérard Lafay est directeur adjoint du CEPII et professeur associé à l'université Paris-I ; Deniz Unal-Kesenci est économiste au CEPII.

construction européenne, il faut donc analyser les facteurs de déstabilisation afin d'envisager les conditions d'un nouveau SME adapté à la période actuelle.

Les facteurs de déstabilisation du SME

Pourquoi le processus d'Union économique et monétaire connaît-il aujourd'hui de grandes difficultés ? Essentiellement parce que l'on a oublié les conditions structurelles qui permettent de définir une zone monétaire optimale. Des espaces monétaires nationaux ne peuvent se rassembler, pour ne plus former qu'une seule zone monétaire, que si les pays concernés forment un ensemble suffisamment homogène, tant pour les niveaux relatifs de développement que pour les priorités de la politique économique. En fait, quatre des pays membres sont nettement en retard du point de vue du PIB par habitant, cependant que les situations nationales reflètent de fortes divergences à différents égards.

Les écarts d'inflation entre les pays membres se sont réduits, mais ce fut une erreur de figer les parités monétaires à partir de 1987 sans procéder à des réalignements à froid[1]. Parallèlement, l'endettement de l'État est demeuré très élevé dans certains cas et le déficit budgétaire s'est accru dans les pays les plus touchés par la crise déflationniste du début des années quatre-vingt-dix. Toutefois, la principale difficulté est due aux effets négatifs de la réunification allemande que ne pouvait pas prévoir le plan Delors d'avril 1989.

Le Système monétaire européen a joué un rôle très utile pour assurer une zone de stabilité monétaire en Europe et pour inciter les États à corriger les errements de leur politique économique. Le principe du SME était d'établir des parités fixes, mais ajustables, entre les monnaies qui faisaient partie du mécanisme de change. La stabilité des taux de change, dans les marges admises, devait favoriser la conver-

1. La réunion interministérielle des 21 et 22 mai 1993 l'a implicitement reconnu en rétablissant le système des parités fixes mais ajustables.

gence des économies. Cependant, en dépit des progrès qui ont été réalisés et auxquels la discipline du système a contribué, l'inflation est demeurée trop forte dans certains pays.

Depuis la fin des années quatre-vingt, la convergence la plus grande concerne les sept pays dont les monnaies avaient été placées, dès le début, dans la marge étroite de change (Belgique, Danemark, Allemagne, France, Irlande, Luxembourg et Pays-Bas). Le taux d'inflation moyen de ce groupe, qui est resté inférieur à 3,5 % jusqu'en 1991, a depuis dépassé ce seuil sous l'effet de l'accélération de l'inflation en Allemagne (4,7 % en 1992).

Un deuxième groupe est constitué de pays qui ont connu, en moyenne annuelle, des taux d'inflation supérieurs de trois points à ceux du groupe précédent, entre 1987 et 1991. Il s'agit de l'Italie, du Royaume-Uni et de l'Espagne. Bien que ces trois pays aient accompli des progrès sensibles dans la dernière décennie, le maintien de taux de change fixes signifiait pour eux une dégradation de leur compétitivité relative, qui est confirmée d'ailleurs par l'évolution de leurs coûts salariaux unitaires. En différant les réajustements monétaires, on a préparé un terrain propice à la tourmente qui a emporté ces trois monnaies en septembre 1992 : la livre sterling et la lire italienne sont sorties du mécanisme de change, la peseta a été dévaluée.

Le dernier groupe, où le taux d'inflation demeure élevé, comprend le Portugal et la Grèce. Au Portugal, le taux d'inflation vient de passer en dessous de la barre des 10 %, mais la progression des coûts salariaux reste trop rapide et l'entrée dans le mécanisme de change du SME, en mai 1992, était prématurée ; en novembre 1992, puis en mai 1993, l'escudo a dû suivre les nouvelles dévaluations de la peseta. La drachme, quant à elle, n'est jamais entrée dans le mécanisme de change, car le taux d'inflation de la Grèce fluctue, selon les années, entre 15 % et 20 %.

Dans le domaine budgétaire, les critères de convergence fixés par le traité de Maastricht sont hors de portée de beaucoup de membres de la Communauté avant de nombreuses années. Pour chacun des pays, des normes restrictives ont été définies pour le passage à la troisième phase : le déficit

TABLEAU III. — ÉVOLUTION DES COÛTS UNITAIRES DE LA MAIN-D'ŒUVRE DANS LE SECTEUR PRIVÉ

	Taux annuel moyen 1979-1987	*Pourcentage de variation par rapport à la période précédente*					
		1987	*1988*	*1989*	*1990*	*1991*	*1992*
RFA	2,6	2,2	0,0	0,4	2,3	4,5	5,5
France	7,1	1,9	0,6	1,1	3,6	3,1	2,2
Italie	11,8	4,8	4,2	6,0	7,0	8,2	4,7
Royaume-Uni	6,2	4,4	7,4	9,7	10,0	7,2	4,6
Belgique	4,0	0,6	– 1,4	0,8	4,4	3,5	
Danemark	6,2	9,2	1,0	1,4	0,4	1,1	
Grèce	18,2	9,3	14,5	12,3	19,0	12,4	
Irlande	7,7	2,2	1,8	– 1,0	– 1,4	4,1	
Pays-Bas	1,9	2,7	0,7	– 2,3	2,4	4,8	
Portugal	17,8	12,9	2,5	13,6	11,0	16,7	
Espagne	8,4	4,6	3,1	4,6	6,2	5,6	

Source : Perspectives économiques de l'OCDE, décembre 1990, juin 1993.

budgétaire annuel et l'endettement cumulé de l'État doivent être inférieurs, respectivement, à 3 % et à 60 % du PIB.

Tandis que des politiques restrictives peuvent parvenir à diminuer rapidement le rythme d'inflation, dans la mesure où elles font l'objet d'un large consensus national, il n'en est pas de même de l'endettement public. Fruit de l'héritage du passé, l'endettement pèse d'autant plus sur les finances de l'État que les taux d'intérêt sont plus élevés.

Dans deux des pays membres de la Communauté (la Belgique et l'Italie), la dette publique brute a dépassé depuis plusieurs années le montant du produit intérieur brut, cependant qu'elle est encore très proche de ce seuil en Irlande. La diminution d'un tel stock d'endettement public implique un fort excédent budgétaire et ne pourra se faire que lentement.

Quand au solde budgétaire, le déficit moyen de la Communauté est, en 1992, égal à 5 % du produit intérieur brut, les situations les plus critiques à cet égard étant celles de la

TABLEAU IV. — RÉSULTATS DES PAYS EN 1992 POUR LES CINQ CRITÈRES RETENUS DANS LE TRAITÉ DE MAASTRICHT

	Inflation (en %)	*Déficit public (en % du PIB)*	*Dette publique* brute (en % du PIB)*	*Taux d'intérêt à long terme (en %)*	*SME marge étroite*
Belgique	2,4	6,7	134,4	8,7	oui
Danemark	2,1	2,3	62,2	8,9	oui
Allemagne	4,7	3,1	44,0	7,8	oui
Grèce	15,9	13,4	84,3	n.d.	non
Espagne	5,9	4,6	48,4	12,2	non
France	2,4	3,7	50,1	9,0	oui
Irlande	3,0	2,7	98,1	9,1	non
Italie	5,3	10,1	108,4	13,7	non
Luxembourg	3,1	0,4	5,3	n.d.	oui
Pays-Bas	3,7	3,5	78,3	8,1	oui
Portugal	8,9	5,6	66,7	n.d.	non
Royaume-Uni	3,7	6,4	41,9	9,1	non
Norme	3,8	3,0	60,0	10,2	oui

* Chiffres provisoires.

Source : OCDE, *Perspectives économiques*, décembre 1992 ; OCDE, *Principaux indicateurs économiques*, avril 1993 ; *Économie européenne*, supplément A, janvier-février 1993.

Grèce et de l'Italie. Si le déficit est plus modéré dans les autres pays, il tend à s'accroître dans la plupart des cas.

Dans ce paysage, l'Allemagne présente un cas particulier en raison du processus de réunification qui s'est engagé, sur le plan économique et monétaire, en juillet 1990. L'équilibre de l'économie allemande a été profondément perturbé et il est irréaliste de prétendre poursuivre la construction européenne en faisant abstraction de ce phénomène majeur.

La situation réelle des nouveaux Länder se révèle beaucoup plus défavorable que ce que la plupart des observateurs pensaient. Après la disparition des produits et des usines qui ne correspondent pas aux normes occidentales, la productivité industrielle des nouveaux Länder n'est plus que le tiers de celle de l'Allemagne de l'Ouest. Simultanément, vis-à-vis de la partie occidentale du pays, les prix des produits échangeables sont alignés et les salaires dépassent déjà 60 % du niveau moyen ouest-allemand.

Un tel phénomène est une conséquence logique de l'union monétaire, car le taux de change ne peut plus jouer son rôle naturel d'ajustement des structures. Tant que l'ancienne RDA n'aura pas rejoint le niveau des Länder occidentaux — cela prendra au minimum dix à quinze ans —, l'Allemagne devra assumer le coût de la réunification en développant les équipements collectifs et en soutenant les revenus dans la partie Est du pays. Cet effort implique des transferts massifs en provenance de la partie Ouest qui, en 1992, ont représenté près de 6 % du PIB.

Sur les autres membres de la Communauté, la réunification a eu deux effets en sens inverse. Dans un premier temps, en 1990 et 1991, leurs exportations ont été favorisées par la stimulation de la demande en Allemagne et par les contraintes portant sur les capacités de production de ce pays ; dans un deuxième temps, à partir de 1992, le niveau des taux d'intérêt à court terme est devenu une source de tension au sein du SME et a partout arrêté la croissance en Europe.

On peut s'interroger sur le point de savoir si la politique de la Bundesbank est bonne pour l'Allemagne. Le fait est qu'elle est inadaptée à ceux des pays européens qui ont réussi à maîtriser leur rythme d'inflation. Aujourd'hui, le problème de ces pays n'est pas de lutter contre une inflation inexistante car, à l'exception des Pays-Bas et du Luxembourg, ils sont confrontés à une remontée inexorable du chômage.

Depuis la dévaluation de la lire irlandaise en janvier 1993 et les nouvelles dévaluations de la peseta et de l'escudo en mai, le SME actuel est suspendu aux décisions de la Bundesbank : ou bien celle-ci baisse rapidement et fortement ses taux d'intérêt pour arrêter la récession qu'elle a déclenchée en Allemagne, ou bien de nouveaux réalignements monétaires deviennent inéluctables.

Les conditions d'un nouveau SME

L'Europe ne peut pas accepter la dislocation graduelle de son système monétaire. En sens inverse, il est clair qu'une démarche purement volontariste, déconnectée des réalités économiques, ne peut qu'engager la Communauté dans une impasse. C'est ainsi que le dispositif de Maastricht présente le défaut de négliger les conditions d'une monnaie unique.

Exprimé en parités de pouvoir d'achat, le produit intérieur brut par habitant atteint à peine la moitié de la moyenne communautaire au Portugal et en Grèce, moins des deux tiers en Irlande, les trois quarts en Espagne. Le rattrapage de ces pays nécessitera de longues années et de grandes divergences entre les taux de croissance. Ainsi, pour les deux pays les plus en retard, ce rattrapage ne pourrait s'effectuer en vingt ans que si le taux de croissance du PIB par habitant était supérieur de 3,5 % par an à la moyenne communautaire, hypothèse particulièrement optimiste.

En raison des disparités économiques qui existent entre les Douze, la création rapide de l'UEM et son extension à l'ensemble de la Communauté auraient pour effet d'emprisonner chacun d'entre eux dans une logique d'unification complète des marchés, à l'instar de ce qui se passe dans un pays fédéral. Or, dans un tel cas, on assiste fatalement à un processus graduel d'alignement non seulement des prix, mais aussi des salaires. Dès lors, l'activité économique tend à se concentrer dans les régions qui sont déjà les plus industrialisées et bénéficient de la meilleure spécialisation.

Pour résorber les disparités et assurer le rattrapage intracommunautaire, il serait illusoire de tabler sur une grande flexibilité des prix et des salaires entre les pays. L'arme budgétaire est également exclue, car elle supposerait, pour répondre véritablement aux besoins, un changement de dimension du budget communautaire.

Personne n'envisage sérieusement d'opérer, à l'échelle européenne, des transferts d'une ampleur comparable à ceux nécessaires à la réunification économique de l'Allemagne. En outre, il n'est pas évident que cette solution serait optimale pour résorber les plus importantes disparités : le cas de l'Italie, où ce genre de transfert existe entre le Nord et le Sud sans pour autant que le Mezzogiorno émerge de son sous-développement, montre que cette opération peut vite se transformer en une assistance durable.

L'examen des conditions de création d'une monnaie unique fournit deux enseignements : d'une part, celle-ci ne peut être envisagée que pour un petit nombre de pays européens ; d'autre part, la réunification allemande va fatalement retarder la formation de ce noyau dur. C'est pourquoi il est nécessaire, aujourd'hui, d'esquisser les bases d'un système monétaire adapté à une phase de transition qui va durer pendant de longues années.

Il est exclu d'instaurer une monnaie unique à Douze, non seulement d'ici la fin du siècle, mais avant plusieurs décennies, même lorsque tous les pays de la Communauté satisferont aux « critères de convergence ». L'union monétaire ne pourra se faire qu'à partir d'un petit noyau de pays, car les économies en retard devront conserver longtemps leur monnaie nationale pour satisfaire leurs besoins de croissance.

Quels sont, pour l'instant, les pays théoriquement capables d'avancer dans la voie de l'UEM ? Parmi les sept membres faiblement inflationnistes de la CEE figurent l'Irlande, dont le niveau de développement est insuffisant ; la Belgique, dont la dette publique dépasse 130 % du produit intérieur brut (plus du double du critère prévu) ; le Luxembourg, dont la monnaie est liée au franc belge ; le Danemark, auquel la plupart des dispositions du traité de Maastricht ne s'appliquent pas. Ne restent par conséquent que le tandem franco-allemand et les Pays-Bas. En revanche, des pays comme l'Autriche, la Suisse, ultérieurement la Suède et la Finlande, pourraient s'y associer. D'où l'idée, qui est émise çà et là, face à la tourmente, d'accélérer le calendrier prévu dans le traité de Maastricht en réduisant l'UEM à ce « noyau dur ».

L'option d'une accélération de l'UEM a le mérite de la cohérence. Elle se heurte cependant à deux obstacles majeurs liés à la situation particulière de l'économie allemande. Tant que celle-ci n'aura pas digéré le processus de réunification, il ne sera pas possible de stabiliser durablement ses relations avec le reste de la Communauté. Par ailleurs, la politique monétaire « moyenne » qui devrait être pratiquée au sein de cette mini-zone serait considérée comme trop laxiste par l'Allemagne, sans pour autant satisfaire les besoins de croissance de ses partenaires. L'accélération de l'UEM ne résoudrait donc aucune des difficultés actuelles.

Quelle solution alternative peut-on proposer pour les prochaines années ? Mettre en place la transition qui n'a pas été prévue jusqu'à présent. Cela implique d'abord de réintégrer la majorité des monnaies de la Communauté dans un système monétaire réaliste, fondé sur des parités fixes, mais ajustables, les marges les plus étroites ne s'appliquant qu'aux économies suivant les politiques les plus proches. Puis de prendre conscience du fait que le mark ne peut plus être le point d'ancrage de ce nouveau SME. Puisqu'il n'est plus possible d'ignorer les conséquences que la réunification économique de l'Allemagne crée, et va continuer à engendrer pendant plusieurs années, on ne doit pas écarter *a priori* l'hypothèse d'un flottement temporaire du deutschemark.

La définition actuelle de l'écu

L'écu est actuellement défini comme un « panier de monnaies », qui est constitué de doses déterminées des devises nationales de tous les pays de la Communauté. Sa composition est définie par référence à l'importance économique des États membres.

Lorsque l'on divise la dose de chaque monnaie nationale (nombre d'unités dans un écu) par son taux de change (cours de l'écu en monnaie nationale), on obtient sa part relative dans ce panier (voir tableau). Ainsi, au 13 mai 1993, l'écu comprenait 1,332 franc français pour une valeur totale de 6,53883 francs ; la part relative du franc dans l'écu, exprimée en pourcentage, était alors de :

$$100 \times (1{,}332/6{,}53883) = 20{,}4\ \%$$

La valeur de l'écu dépend par conséquent de celles de toutes les monnaies qui rentrent dans sa composition. Depuis la création du SME, l'écu a été tiré vers le bas par les monnaies les plus faibles de la Communauté et, de ce fait, il a été fatalement moins attractif que la monnaie la plus forte, en l'occurrence le deutschemark qui a toujours bénéficié de sa bonne réputation acquise dans le passé. Ainsi, de mai 1992 à mai 1993, l'écu s'est déprécié de 5 % vis-à-vis de la devise allemande sous l'effet des dévaluations successives qui ont frappé le système (notons que, pour la même période, la dépréciation par rapport au deutschemark a été de 21 % pour la peseta, 18 % pour la lire italienne, 15 % pour la livre sterling, 13 % pour l'escudo et 9 % pour la livre irlandaise).

TABLEAU V. — COMPOSITION DE L'ÉCU

	Dose de chaque monnaie dans la composition de l'écu depuis le 21 septembre 1989	*Calcul de la part relative au 13 mai 1993*	
		Cours de l'écu en chaque monnaie	*Part dans l'écu (en %)*
Franc belge	3,301	40,2123	8,2
Couronne danoise	0,198	7,43679	2,7
Franc français	1,332	6,53883	20,4
Drachme grecque	1,440	264,513	0,5
Deutschemark	0,624	1,94964	32,0
Livre irlandaise	0,009	0,808628	1,1
Lire italienne	151,800	1 793,19	8,4
Florin hollandais	0,220	2,19672	10,0
Escudo portugais	1,393	192,854	0,7
Peseta espagnole	6,885	154,25	4,5
Livre sterling	0,089	0,786749	11,2
Franc luxembourgeois	0,130	40,2123	0,3

Source : calcul CEPII à partir des données officielles.

Quel pourrait être le point d'ancrage d'un nouveau SME, à la place du mark qui ne peut plus remplir ce rôle ? Ni le franc français ni aucune des autres monnaies concernées ne peut prétendre exercer cette fonction qui devrait incomber à un écu renforcé. Avant d'arriver à une monnaie unique, il est indispensable de passer par le développement d'une monnaie commune jouant, sur le plan international, un rôle de plus en plus important. Bien que l'écu ait été l'élément central du mécanisme de change du SME, son utilisation est demeurée très réduite jusqu'à présent.

La faible utilisation de l'écu, au cours de la dernière décennie, tient d'abord à sa définition. Si l'on veut vraiment renforcer l'écu, il serait opportun d'approfondir l'idée britannique d'un « écu fort ». Celui qui ne serait plus un panier, mais une monnaie commune, émise en parallèle aux autres devises de la Communauté, aurait la particularité de ne pas se déprécier par rapport à elles et d'avoir les taux d'intérêt planchers du système.

A lui seul, le renforcement de l'écu ne suffirait cependant pas, car la monnaie européenne souffre d'un second handicap : le fait de ne pas bénéficier spontanément d'un véritable « habitat ». Une monnaie ne peut être utilisée pour un certain type d'opérations que si beaucoup d'agents en ont pris l'habitude, son usage devenant alors cumulatif (effet de boule de neige). Tel est le cas des monnaies nationales qui sont utilisées de façon privilégiée sur un territoire donné. Même si l'écu a des potentialités élevées, son usage se heurte au coût du changement de l'habitat préféré des utilisateurs.

Le traité de Maastricht n'a pas préconisé de mesures particulières pour favoriser le rôle de l'écu pendant la phase de transition, ce qui a conforté *de facto* le rôle prédominant du deutschemark. Pour pallier cette lacune, la Commission a publié en décembre 1992 un Livre blanc afin de lever les obstacles juridiques à l'usage de l'écu, mais les mesures proposées ne paraissent pas suffisantes. Il ne sera possible de construire un nouveau SME que si la Communauté favorise l'écu en lui accordant des avantages systématiques.

Bibliographie

EMERSON M. et HUME Ch., *L'Écu*, Economica, Paris, 1991.

LAFAY G. et UNAL-KESENCI D., « L'Europe après Maastricht », *in* CEPII, *L'Économie mondiale 1993*, La Découverte, « Repères », Paris, 1992.

LAFAY G. et UNAL-KESENCI D., *Repenser l'Europe*, Economica, « Économie-Poche, Paris, 1993.

PATAT J.-P., *L'Europe monétaire*, La Découverte, « Repères », Paris, nouv. édition, 1992.

VII / Russie : les cinq cents jours de la réforme

*Marie-Agnès Crosnier**

Engagée tambour battant en janvier 1992 avec la libéralisation des prix, la réforme économique russe allait se perdre, dès le printemps, dans les sables d'une crise politique qui va s'exacerbant. Si le gigantesque pari lancé par le président Boris Eltsine de faire passer la Russie du système de commandement le plus rigide à l'économie de marché était l'objet d'un consensus national, sa concrétisation devait, en effet, mettre en lumière les oppositions irréductibles qui dressent face à face les différentes institutions de l'État. Aussi le gouvernement était-il bientôt empêché de mener une politique cohérente, l'économie de la Russie se trouvant dès lors livrée aux démons de l'anarchie et de la corruption.

D'une amorce de stabilisation à l'hyperinflation

Le projet de transition économique associait, comme en Pologne et en Tchécoslovaquie, mesures de stabilisation et transformations structurelles. Le gouvernement Gaïdar s'attaquait d'emblée à la première de ses composantes et remportait rapidement sur ce terrain quelques résultats. Une fois passé le choc initial de la réforme de janvier, qui s'est traduit par un triplement des prix à la consommation, le taux

* Chargée d'études à La Documentation française.

mensuel de l'inflation est retombé, vers le milieu de l'année, à 10 % environ, les hausses des prix de gros industriels tendant également à se ralentir. Par ailleurs, le gouvernement parvenait à ramener le déficit budgétaire de 20 % du PNB en décembre 1991 à 6 % en mai 1992. Enfin, la politique d'encadrement du crédit menée par la banque centrale de Russie, qui relevait par paliers successifs son taux d'escompte de 8 % fin 1991 à 80 % en mai 1992, permettait, bien qu'en termes réels ce taux soit resté largement négatif, de contenir l'augmentation de la masse monétaire : de janvier à mai 1992, elle ne s'est accrue que de 9 % à 14 % par mois.

Ces mesures déflationnistes n'en présentaient pas moins également bien des conséquences négatives qui ont été largement exploitées par les opposants à la politique d'Egor Gaïdar. En effet, la réforme des prix s'est rapidement révélée incapable d'entraîner, en raison des rigidités de l'appareil productif, un redressement de l'offre, voire de ralentir sa chute. Les salaires, pourtant déréglementés depuis janvier 1992, ont diminué en termes réels de 28 % au premier trimestre, ce qui s'est traduit par une forte contraction de la demande des ménages. Enfin, les rigueurs de la politique monétaire ont conduit les entreprises à s'accorder mutuellement des facilités de paiement : le montant de leurs factures impayées était multiplié par vingt entre janvier et avril.

Le gouvernement ne désarmait pas pour autant et le mémorandum, qu'il soumettait du printemps 1992 à l'approbation du FMI, reprenait en la durcissant la ligne fixée en janvier : les prix de l'énergie seront progressivement rapprochés au niveau mondial, l'évolution des salaires sera contrôlée par une forte taxation des hausses excessives et les cours multiples du rouble seront unifiés en vue de sa convertibilité. S'il bénéficiait du soutien des bailleurs de fonds occidentaux, le mémorandum a provoqué en Russie un véritable tollé d'où n'étaient pas absents quelques accents chauvins. Il fut, en particulier, violemment attaqué par les députés, réunis en Congrès pour leur sixième session (6-21 avril 1992) et qui, par-delà leurs divisions politiques, furent unanimes à dénoncer le caractère « suicidaire » d'une politique de stabilisation administrée à hautes doses, les critiques les plus virulentes émanant du puissant mouvement centriste, l'Union civique, qui défend les intérêts de la grande industrie et du complexe militaro-industriel.

Convaincu que seul un approfondissement de sa politique était à même de venir à bout de telles perturbations, le gouvernement Gaïdar fut, cependant, contraint de composer avec les forces d'opposition. Aussi, tout en maintenant l'objectif d'un déficit budgétaire égal au plus à 5 % du PNB, a-t-il donné son accord à l'attribution de crédits à taux préférentiels à l'agriculture et à l'industrie et s'est-il résolu à relever de 80 % les traitements des fonctionnaires. Par ailleurs, il renonçait à instaurer à brefs délais, comme le réclamait le FMI, la vérité des prix dans le secteur de l'énergie, se contentant de prévoir quelques ajustements mineurs. Enfin, en mai et juin 1992, Boris Eltsine confiait des ministères clés à trois représentants des milieux industriels.

Le compromis d'avril marquera la fin d'une période, celle où l'économie était dirigée, autant que faire se peut, par une politique digne de ce nom ; par la suite, le gouvernement devait perdre progressivement toute maîtrise de la situation, d'autant qu'il allait être privé de l'un de ses derniers soutiens quand les députés obtinrent, en juillet, la démission du président de la banque centrale, Georgii Matioukhine, et son remplacement par Victor Guerachtchenko. Ancien gouverneur de la Gosbank de l'URSS et nourri de l'idée passéiste que l'injection de monnaie doit suffire à relancer la production, ce dernier se plaçait ouvertement en opposition au gouvernement, dirigeant la banque à sa guise. Ainsi refusait-il catégoriquement de procéder à un nouveau relèvement du taux d'escompte et manifestait-il le plus grand laxisme en distribuant aux secteurs productifs des crédits assortis d'intérêts très inférieurs à ceux pratiqués par les banques commerciales et en se montrant peu soucieux de recouvrer les créances sur les autres pays issus de l'URSS. En juin-juillet 1992, l'ouverture de nouveaux crédits fut de six fois supérieure à celle des deux mois précédents et la création monétaire a retrouvé une vitesse de croisière comparable à celle qu'elle avait connue en 1991, 25-30 % par mois.

Par ailleurs, l'équipe Gaïdar s'est trouvée entraînée par le

Parlement dans une surenchère de mesures sociales qui l'obligeait à lâcher les cordons de la bourse : de 34,3 % du PNB en mai, les dépenses publiques sont passées à 67,6 % en août 1992. Or, les recettes fiscales n'augmentaient pas dans les mêmes proportions, non seulement à cause de la récession, mais aussi parce que les différents sujets de la Fédération (républiques, régions et villes qui disposent d'un budget autonome) regimbaient à verser leur écot au budget fédéral, reproduisant ainsi le comportement adopté par les républiques fédérées, et au premier chef par la Russie, du temps de l'URSS. Ainsi, à la fin de l'année 1992, le déficit budgétaire aurait-il représenté 25 % à 28 % du PNB.

La réoxygénation financière de l'économie, qui s'est accompagnée de l'annulation, par une série d'opérations multilatérales de compensation, de la plus grande partie des dettes interentreprises, a eu quelques effets positifs sur la production, dont la chute a nettement été atténuée à partir de septembre. Mais, à côté de ces résultats, sans doute éphémères, le relâchement de la politique monétaire et budgétaire a surtout eu pour conséquence d'ouvrir la voie à l'hyperinflation. Lorsque, en décembre 1992, Egor Gaïdar fut forcé au départ par les députés, le taux de l'inflation était officiellement chiffré à 2 500 % par rapport à décembre 1991.

Réduit à gérer l'intendance, le gouvernement Gaïdar avait adopter, fin juin 1992, une nouvelle mouture de son programme économique qui, tout en réitérant les objectifs de stabilisation, insistait sur les aspects microéconomiques des réformes tels que l'accélération des privatisations et la reconnaissance de la propriété foncière. Et il tablait sur un net ralentissement de la récession industrielle en 1993 et une reprise de la croissance en 1994. Forts de la confirmation de ces engagements et de l'accord conclu avec le FMI sur la limitation du déficit budgétaire à 5 % du PNB, les pays du G7 décidaient, lors de leur sommet de Munich (juillet 1992), de débloquer les 11 milliards de crédits bilatéraux compris dans l'enveloppe d'engagements d'aide de 24 milliards de dollars promise en avril. Par ailleurs, la Russie était autorisée à prélever, en août, une première tranche d'un milliard de dollars, correspondant à 25 % de ses droits de tirage spéciaux sur le FMI. En revanche, la constitution par les pays occidentaux d'un fonds de 6 milliards de dollars destiné à la stabilisation du rouble était remise à des temps meilleurs.

Toujours pour satisfaire le FMI, les cours multiples de change ont été unifiés le 1er juillet 1992 et la convertibilité interne du rouble décrétée. Mais, faute d'être accompagnée d'un plan de lutte contre l'inflation, cette tentative se trouvait vouée à l'échec et le rouble s'est effondré par rapport au dollar au cours des semaines suivantes, sans que cette chute ait la moindre raison de cesser ni qu'elle reflète d'ailleurs une réalité économique. Il faut dire que cette parité s'établit sur un marché extrêmement étroit, l'offre de devises par les entreprises étant des plus faibles, dans la mesure où la plupart d'entre elles préfèrent déposer, en toute illégalité, leurs revenus d'exportation dans des banques occidentales. En outre, ce marché des changes fait l'objet de nombreuses spéculations de la part des gros exportateurs de pétrole et de gaz qui y sont les principaux intervenants et qui ont tout intérêt à jouer contre le rouble pour augmenter leurs profits dans cette monnaie. Or, les autorités monétaires du pays assistent impuissantes à cette dévalorisation vertigineuse du rouble, la seule solution préconisée par la banque centrale étant de revenir à un taux fixe, ce dont le gouvernement ne veut pas, pour le moment, entendre parler.

Lors de la septième session du Congrès des députés (1er-14 décembre 1992), Boris Eltsine fut forcé de sacrifier Egor Gaïdar à l'Union civique et d'accepter comme Premier ministre Victor Tchernomyrdine, qui a fait toutes ses classes dans la grande industrie. Dès son entrée en fonctions, celui-ci déclara qu'il ne se démarquerait pas de la politique menée par son prédécesseur, sauf à en modifier le rythme, mais, pas plus que ce dernier, il ne parviendra à faire appliquer son programme qui donne tout à la fois priorité au soutien de la production et à la lutte contre l'inflation.

Tout le contexte politique est, en effet, défavorable à la rigueur monétaire. Il faudra attendre avril 1993 pour que les députés votent le budget. Certes, ces derniers ont apporté au projet de loi de finances un certain nombre d'amendements coûteux, mais l'exécutif, aux ordres d'un Boris Eltsine désireux de soigner son image de marque avant le référendum du 25 avril 1993, n'est pas en reste. Aux crédits à taux préférentiels offerts aux secteurs productifs (près de 4 000 milliards de roubles — à titre de comparaison, le PNB était de 15 000 milliards de roubles en 1992) s'ajoutent le doublement, au 1er avril 1993, du salaire minimal, le triplement, trois semaines plus tard, des soldes des militaires, le relèvement des pensions, des bourses d'études, des allocations familiales... et l'annonce d'une compensation des pertes subies depuis janvier 1992 par les petits épargnants.

Dès lors, on peut s'interroger sur la portée de la convention signée, en mars, par le gouvernement et la banque centrale. Celle-ci s'engageait alors à faire progressivement passer, à compter du 1er avril 1993, son taux d'escompte de 80 à 100 % — taux qui reste néanmoins négatif — et projetait avec le gouvernement de plafonner l'ouverture de nouveaux crédits à 30 % au deuxième trimestre, 20 % au troisième et 15 % au quatrième. S'agirait-il d'un accord de façade ? La banque centrale va répétant que le gouvernement ne pourra jamais se tenir à de telles limites, tandis que le gouvernement accuse à cor et à cri la banque de sabotage. La mise en œuvre d'un véritable plan de stabilisation apparaît donc, en ce début de 1993, des plus incertaines. Et pourtant les pays occidentaux affirmeront, à la veille du référendum, leur soutien inconditionnel à Boris Eltsine, en promettant à la Russie une aide chiffrée désormais à 43,4 milliards de dollars, mais qui recouvre, il est vrai, une bonne partie des crédits déjà accordés en avril 1992, ainsi que le rééchelonnement de la dette décidé par le Club de Paris.

Les réformes structurelles : des résultats équivoques

Sur le front des changements institutionnels, le bilan d'une année apparaît assez confus. Les restructurations industrielles ne touchent encore que le complexe militaro-industriel et si le programme de privatisations a bel et bien été engagé, son déroulement ne va pas sans soulever quelques interrogations. Pourtant, sur ses marges, le paysage économique de la Russie connaît une nette évolution avec le développement rapide du secteur privé qui, entre les coopératives, les petites entreprises, les sociétés à capital mixte et les travailleurs indépendants, concernait déjà, à la mi-1992, de 7 % à 8 % des actifs. Certes, il ne participe pratiquement pas à la création de richesses matérielles, se consacrant pour l'essentiel à des activités d'intermédiation qui demandent peu d'investissements et procurent un profit immédiat, mais il n'en témoigne pas d'une avancée de l'économie de marché.

Mise en œuvre dès 1989, la conversion des industries de défense a longtemps marqué le pas, se révélant plus coûteuse et plus complexe qu'il n'y paraissait dès l'abord. En 1992, les résultats n'ont guère été plus probants. L'augmentation de la part relative de la production civile dans les 700 entreprises en reconversion, passée entre le début et la fin de l'année de 62,5 % à 81 %, est entièrement due à la forte contraction des commandes militaires, mais ne s'est pas traduite par une offre supplémentaire, par rapport à 1991, de biens de consommation durables et de technologies plus ou moins sophistiquées à destination des industries légères. Les quelque 150 milliards de roubles qui ont été accodés sous forme de subventions et de crédits aux industries de défense en 1992 et les revenus que leur ont, par ailleurs, procurés les ventes d'armes n'ont guère servi à développer la production, les entreprises ayant préféré les affecter à des mesures conservatoires, comme le maintien de leurs effectifs ou l'entretien de leurs installations, quitte à ce que les uns et les autres soient, une partie du temps, au chômage technique.

Ces efforts visant à rendre la conversion aussi indolore que possible n'ont cependant pas totalement abouti : 800 000 salariés (8 % à 15 % des effectifs totaux), sans doute parmi les plus qualifiés, ont quitté le complexe militaro-industriel en 1992 essentiellement pour des raisons de niveaux de salaire : après s'être situés, sous le régime communiste, au sommet de l'échelle, ces niveaux de salaires seraient désormais de cinq à sept fois inférieurs à ceux qui sont versés dans les autres branches industrielles. Un tournant pourrait toutefois avoir été pris courant 1992 avec l'implication dans le programme national de conversion des régions « militarisées » qui sont tout à la fois intéressées à ne pas gâcher leur patrimoine industriel et à éviter une augmentation du chômage. Aussi cherchent-elles à réorienter les industries de défense vers des créneaux à débouchés sûrs — l'exportation vers les zones à devises, principalement — et permettant d'utiliser au mieux leurs potentiels — l'électronique, notamment.

Les autres secteurs de l'industrie sortent quasi indemmes d'une année de réformes. Après des mois de virulents débats parlementaires, une loi sur les faillites a été votée en novembre 1992, mais sa mise en application a été repoussée au 1er mars 1993 et, à l'heure dite, une nouvelle échappatoire a été trouvée. Si la faillite n'est pas prononcée d'emblée, la loi laisse, en effet, à l'entreprise en cessation de paiement un délai de deux ans à deux ans et demi pour se réorganiser et assainir sa situation. Un temps jugé trop long par le gouvernement pour que toutes les entreprises russes intègrent la notion de risque économique. Aussi a-t-il décidé de faire procéder à quelques mises en liquidation immédiates pour servir d'exemple. Une commission du ministère de l'Économie a été constituée à cet effet, mais deux mois après l'entrée en vigueur de la loi, elle n'était toujours pas parvenue à établir une liste d'entreprises dont la disparition ne porterait pas un préjudice majeur au reste de l'économie. La tâche ne lui a d'ailleurs pas été facilitée par le gouvernement lui-même qui a placé hors de son orbite un grand nombre d'entreprises pour leur appartenance aux industries de base, alimentaire et textile, leur position de monopole dans une filière donnée ou leur rôle vital dans une région. Comment, dans de telles conditions, dénicher le cas idéal ?

Une chose est claire : le gouvernement et le Parlement sont pour une fois d'accord pour à tout prix à épargner un chômage massif à la population déjà lourdement éprouvée par l'inflation. Certes, le nombre de demandeurs d'emploi a sensiblement augmenté en 1992 par rapport à 1991 (9,3 fois), mais il demeure tolérable : au 1er janvier 1993, on ne dénombrait encore que 650 000 chômeurs indemnisés, soit moins de 1 % de la population active. Or, les scénarios établis par le ministère de l'Économie montrent que si la loi sur les faillites était réellement appliquée, elle toucherait 70 % des entreprises du « complexe des constructions mécaniques » et la moitié de celles des autres branches industrielles, provoquant le licenciement de 5 à 6 millions de personnes et portant le taux de chômage à 10 % environ.

Le programme des privatisations, prévu au début de 1992, a été, quant à lui, sérieusement bousculé. Les petites privatisations auraient dû, en principe, être achevées dans leur plus grande partie à la fin de l'année. Cet objectif n'a pas été atteint, mais dans quelle proportion ? Les chiffres varient d'une source à l'autre selon le sens donné au terme de privatisation : les uns y voient la vente effective d'un local commercial à un particulier ou à un groupe de particuliers, tandis que les autres y incluent également la cession d'un droit au bail. Le sol ne pouvant, en effet, selon la Constitution toujours en vigueur, être donné en propriété, les murs ne pouvaient l'être davantage. Aussi jusqu'à ce que Boris Eltsine infirme cette disposition par un décret du 25 mars 1992, la privatisation des commerces, des restaurants et des entreprises de services consistait en de simples mises en location, une pratique d'ailleurs maintenue par un certain nombre de collectivités territoriales peu favorables à l'idée de propriété privée.

Mais c'est aux grandes privatisations que le gouvernement Gaïdar, pris dans une course de vitesse avec l'opposition et soucieux d'assurer l'irréversibilité des réformes, consacrera l'essentiel de ses efforts au second semestre de 1992.

Le 1er octobre 1992 commençait la distribution de bons de privatisation aux quelque 150 millions de Russes, sans la moindre exclusive. D'une valeur faciale de 10 000 roubles, soit à l'époque quatre mois de salaire moyen, ils représentaient au total 35 % du capital des entreprises à privatiser et pouvaient être échangés contre des actions, investis dans des fonds communs de placement ou même convertis en argent liquide, leur utilisation ayant été, par la suite, étendue à l'acquisition de logements et de parcelles de terrain. Entre décembre 1992 et mars 1993, 5 500 grandes entreprises environ, employant plus de 1 000 personnes, ont été transformées en sociétés par actions, leur capital devant ensuite être vendu selon les modalités définies par leurs salariés. Or, parmi les différentes options qui leur sont offertes, les salariés ont, dans deux cas sur trois, choisi d'acquérir à leur valeur nominale 51 % des titres de leur entreprise plutôt que de bénéficier d'avantages pécuniaires sous forme d'actions gratuites sans droit de vote et d'actions à prix réduit, mais de voir alors leur part dans le capital social réduite à 35-40 %. Il semble donc que se manifeste, à l'occasion des privatisations, une solidarité salariés-cadres dirigeants, les uns et les autres souhaitant garder le contrôle de leur entreprise et, par conséquent, limiter le risque d'une mainmise extérieure. Sans doute escomptent-ils, en restant ainsi « entre eux », parer à tout bouleversement brutal et conserver leurs postes respectifs le plus longtemps possible.

Les salariés servis, la répartition des actions restantes s'effectue par ventes publiques organisées à l'intention des porteurs de bons, des fonds de placement et de personnes morales russes ou étrangères. Mais, pour l'instant, les citoyens russes se montrent, semble-t-il, fort sceptiques sur les bienfaits du « capitalisme populaire », tandis que les étrangers s'en tiennent à la prudence en raison de l'instabilité politique, de l'absence d'un État de droit et de la méconnaissance de la valeur exacte des actifs privatisables. On distingue mal, dès lors, au profit de qui se réalise la vente d'une entreprise. Certains prétendent, en Russie, qu'elle se fait essentiellement au bénéfice de l'État agissant sous des noms d'emprunt divers ou devenu actionnaire par la force des choses quand d'autres souscripteurs ne se manifestent pas ; d'aucuns estiment, au contraire, que les apports nécessaires sont effectués par des groupes d'intérêts difficilement identifiables et aux objectifs plus ou moins troubles...

Quoi qu'il en soit, les grandes privatisations se déroulent apparemment selon le calendrier et le rythme prévus, la nomination à la tête du gouvernement d'un homme, Victor Tchernomyrdin, issu du grand patronat, n'ayant eu aucune incidence sur la réalisation du programme Gaïdar. En revanche, un danger réel se profile du côté du Parlement. Plusieurs députés appartenant à la mouvance de l'Union civique ont, en effet, déposé au début de 1993 un amendement dont l'adoption viderait de tout son sens le processus actuel de privatisation en réservant celui-ci aux seuls salariés des entreprises et en pérennisant ainsi le pouvoir des « directeurs » sous couvert d'une prétendue autogestion. Fin avril, il n'avait toujours pas été soumis au vote, ce qui ne signifie cependant pas que toute menace soit définitivement écartée.

Au terme de près d'une année et demie de réformes économiques sur fond de crise politique ininterrompue, la Russie se trouve au milieu du gué. Mais les résultats plus que confortables du référendum du 25 avril 1993, qui confirment l'existence d'une base sociale à la politique économique préconisée par Boris Eltsine, devraient désormais lui permettre d'aborder promptement les rivages du marché.

Bibliographie

Dossiers de presse du Centre d'études et de documentation sur l'ex-URSS, la Chine et l'Europe de l'Est (CEDUCEE), La Documentation française, consultables sur rendez-vous.

COMMISSION ÉCONOMIQUE POUR L'EUROPE (ONU), *Economic Survey of Europe in 1992-1993*, New York, 1993.

AGLIETTA M. et MOUTOT Ph., « L'échec de la thérapie de choc en Russie : les voies d'un redéploiement des réformes », *Économie prospective internationale*, n° 54, deuxième trimestre 1993.

THE WORLD BANK, *Russian Economic Reform : Crossing the Thresfold of Structural Change*, Washington D.C., 1992.

III / LA COMPÉTITION TECHNOLOGIQUE ET INDUSTRIELLE

VIII / L'industrie mondiale de l'armement

*Anne Allard**

La fin de la guerre froide a marqué une atténuation du poids des armements nucléaires par rapport à celui des armements classiques. Dans le même temps, les limites entre technologies militaires et civiles se réduisaient et le principe même des exportations était de plus en plus remis en cause en raison du danger potentiel que représentaient certains clients. Les dépenses de défense des principaux pays industrialisés ont donc été revues à la baisse. Les premiers à effectuer cet ajustement ont été les États-Unis, qui s'orientent vers une réduction de 25 % de leurs forces armées, et la Grande-Bretagne, qui s'oriente vers un objectif d'au moins 20 %. En France, le besoin de modernisation des armées limite les coupes budgétaires, mais en pourcentage du PIB marchand, le budget de défense en 1991 n'en était pas moins à son niveau le plus bas de la Ve République (3,37 %).

Le marché mondial de l'armement est surtout l'apanage des États-Unis dont la prééminence demeure. Ainsi, ceux-ci restent-ils les premiers au monde et la baisse programmée de moitié et de leur budget de défense (3 % du PIB en 1993 contre 6 % auparavant) situera néanmoins ce budget, en proportion, au niveau de celui de l'Europe. Enfin, la promotion de leurs exportations, facilitée par le prestige qu'ils ont tiré de leur succès dans le Golfe et par la protection de leur mar-

* Chargée de recherche au CREST.

ché national, garantit à leur industrie une part maximale du budget fédéral. C'est pourquoi, sur les 100 premières firmes mondiales d'armement, 48 sont nord-américaines. Le marché se distingue donc actuellement par une forte poussée des États-Unis qui, profitant de l'effet de taille de leur marché national et du cours avantageux du dollar, vendent tous azimuts, grâce à des pressions politiques ou économiques sur les pays acheteurs.

Néanmoins, cette prééminence américaine est exposée à un accroissement de la concurrence internationale. La baisse de la demande, le maintien des exigences technologiques et les interconnections entre le civil et le militaire poussent l'industrie de défense vers une concurrence accrue entre les divers producteurs. Ceux auxquels sont exposés les États-Unis sont, principalement, l'ex-URSS (2e exportateur mondial), la CEE (surtout la France, la Grande-Bretagne et l'Allemagne), le Japon et même le tiers monde (Brésil, Chine, Corée du Sud...). Ce dernier exacerbe la concurrence en réduisant ses importations. Pour les principaux exportateurs autres que les États-Unis, notamment la France, la rentabilisation des productions nationales sur les marchés extérieurs ne pourra se faire que de façon marginale.

L'ensemble de ces contraintes façonne le nouvel espace industriel de défense. Dans un contexte de forte contrainte financière, cela signifie une pression sur les prix que seule pourra contourner une compétitivité fondée sur la qualité. Aussi, face à ces impératifs, la réussite ne pourra être atteinte qu'à condition de poursuivre à une échelle supérieure les mouvements de concentration déjà entrepris.

C'est particulièrement vrai dans une Europe de la défense fragmentée en autant de marchés que de pays. Le cloisonnement et la protection des marchés nationaux européens entraînent, à la fois, un manque de compétitivité, des gaspillages et des duplications. L'industrie européenne de l'armement se caractérise donc par sa dispersion et par sa concentration géographique en France, en Grande-Bretagne et en Allemagne. Pour qu'elle puisse survivre, il semble nécessaire de procéder à une harmonisation des besoins en Europe, de donner la préférence aux industries européennes,

Tableau VI. — Dépenses militaires des principaux producteurs mondiaux en millions de dollars constants de 1988

	1988	*1991*
États-Unis	295 841	264 383
Ex-URSS	—	—
France	36 105	36 403
Grande-Bretagne	34 629	34 008
Allemagne	42 516	34 268 + x pour la RDA
Japon	1 743	2 048
Brésil	3 899	—
Israël	3 811	3 909
Corée du Sud	7 865	7 826
Taïwan	6 348	6 890

Source : SIPRI, *World Armaments and Disarmament*, Oxford University Press, Stockholm, 1992.

de conserver des budgets de défense suffisants pour assurer le maintien des compétences technologiques et de promouvoir les exportations par le biais d'une agence européenne de l'armement. En France, par exemple, les restrictions du budget de défense affectent une dizaine de donneurs d'ordres, quelques centaines d'équipementiers et près de 5 000 sous-traitants directs. Ces restrictions n'ont pas le même effet pour tous. Les grands maîtres d'œuvre peuvent miser sur leurs atouts technologiques pour sortir de la crise actuelle, mais leurs fournisseurs, PMI fortement spécialisées donc très dépendantes des maîtres d'œuvre et financièrement fragiles, ont des raisons de s'interroger sur leur viabilité.

Ainsi, le marché mondial de l'armement est actuellement en crise. On assiste à une diminution significative de la demande, des effectifs et des exportations et, simultanément, à un développement de la concurrence. Cependant, l'industrie qui l'approvisionne dispose de palliatifs tels que les regroupements d'entreprises, les alliances, les spécialisations, les diversifications, les conversions et les privatisations.

Un marché en crise

Le marché mondial de l'armement est en déclin depuis le milieu des années quatre-vingt. Il représentait 60 milliards de dollars en 1984, mais seulement 22 milliards en 1991. Les ventes d'armes, notamment, ont chuté de 55 % entre 1987 et 1990 et de 25 % entre 1990 et 1991. Cette chute des exportations a affecté la totalité des pays producteurs sans que les commandes nationales ne viennent compenser cet effondrement. La production s'est adaptée à ces tendances, diminuant chez les principaux producteurs d'armement dans le monde. Cette chute, importante aux États-Unis et en Europe, a été massive dans l'ex-URSS où, entre 1988 et 1991, la production a diminué de 44 % pour les avions, de 52 % pour les chars, de 58 % pour les missiles stratégiques, de 64 % pour les munitions et de 66 % pour l'artillerie, tandis que la production de missiles à moyenne et courte portée était totalement arrêtée.

En France, la production de l'industrie d'armement a diminué en 1992 de 10 % en volume et de 7,25 % en francs constants par rapport à son niveau de 1990. Cette tendance est particulièrement importante dans le domaine des matériels aériens (– 45 %) et surtout sur les marchés du Moyen-Orient (– 37,8 %). Cette diminution risque d'être durable puisque les crédits budgétaires et les exportations se réduisent considérablement. C'est pourquoi, compte tenu de la situation actuelle de l'industrie mondiale de l'armement, des restructurations sont nécessaires afin que l'offre s'ajuste à la demande. Cela suppose des réductions d'effectifs salariés, un développement des regroupements nationaux et des coopérations internationales ainsi que certaines privatisations. Les mots d'ordre sont désormais productivité, exportation, alliances et diversifications.

La réduction des effectifs est réelle depuis ces dernières années. Ainsi, en Europe, les industries de défense ont perdu

240 000 emplois depuis 1989. Ce secteur, qui emploie 1,5 million de salariés, pourrait encore perdre 500 000 emplois d'ici à 1994, soit la suppression d'un emploi sur trois. Cette baisse des effectifs est directement liée à la diminution du chiffre d'affaires de 14 % entre 1983 et 1991. Ainsi, la France, qui s'est imposée dans les années quatre-vingt comme la première industrie d'armement d'Europe devant la Grande-Bretagne, risque-t-elle de perdre 130 000 emplois, dont 50 000 emplois directs, entre 1992 et 1994, sur les 400 000 du secteur militaire. La situation est identique aux États-Unis où l'industrie de défense a vu son chiffre d'affaires chuter de plus de 23 % et ses effectifs diminuer de 106 000 emplois sur la seule année 1991. Mais, contrairement aux industries occidentales, l'industrie de défense japonaise a vu son chiffre d'affaires augmenter de 36 % au cours de la même période.

En ce qui concerne les exportations, le marché s'est réduit depuis 1985 : les gros clients tels que le Proche-Orient sont suréquipés et l'endettement du tiers monde persiste. Les marchés d'exportation font donc l'objet d'une vive concurrence, notamment entre les États-Unis, l'Europe et la CEI sous la pression des aides américaines aux exportations militaires et des braderies des stocks militaires de l'ex-URSS. Néanmoins, pour le partage des marchés à l'exportation, les efforts consentis sur les prix ne sont pas suffisants. Si les États-Unis et l'ex-URSS réalisent encore près de 70 % des exportations mondiales d'armement, ce chiffre masque un profond changement. Le premier exportateur mondial n'est plus l'URSS (18 % des exportations mondiales en 1991 contre 39 % en 1987), mais les États-Unis (51 % des exportations mondiales en 1991 contre 30 % en 1987). La CEE, quant à elle, réalise en 1991 20 % des exportations mondiales, soit une augmentation de 15 % en valeur, essentiellement grâce à la vente par l'Allemagne des stocks de l'armée de l'ex-RDA.

La France, troisième producteur mondial d'armements, mais cinquième exportateur, réalise en 1991 environ 25 % de son chiffre d'affaires à l'exportation. Face à la crise, les industriels de défense français ont, dans un premier temps, rogné sur leurs marges ; ensuite, ils ont dû développer à leurs frais des produits spécifiques pour l'exportation, puis se conformer aux exigences propres à certains de leurs clients et faire des efforts sur les coûts de maintenance. Les entreprises d'armement ne s'attendent pas à un redémarrage des exportations avant 1995. En effet, à cette date, certains parcs de matériels devenus obsolètes seront à renouveler. Ainsi, Aérospatiale et Matra misent-ils sur leur nouvelle génération de missiles et Dassault sur le Mirage 2000-5. Quant au GIAT, il anticipe le renouvellement d'un parc mondial de 100 000 véhicules et compte sur son programme VBM (véhicule blindé modulaire) pour satisfaire cette demande. Le Moyen-Orient étant devenu une chasse gardée des États-Unis depuis la fin de la guerre du Golfe, les industriels français de l'armement se tournent dorénavant vers l'Asie, notamment Taïwan. Ainsi, dans le cadre de la concurrence qui les oppose aux Américains, mettent-ils en place d'importants programmes de compensation et tentent-ils d'aller plus loin que les Américains dans les transferts de technologie en faveur de leurs clients.

Poussés par un besoin urgent de devises, les Russes cherchent à développer leurs exportations d'armement. Ainsi, en 1992, la Russie a exporté pour environ 14 milliards de dollars d'équipements militaires à différents pays, mais n'a perçu réellement que 4 milliards à cause de l'insolvabilité de ses principaux clients. Les marchés traditionnels d'exportation pour l'armement russe se sont réduits considérablement. Les pertes, liées à l'interdiction d'exporter en Yougoslavie, en Irak et en Libye, se sont montées à environ 7,5 milliards de dollars en 1992. Ces pertes seront difficiles à combler puisque les nouveaux pôles d'attraction du marché des armes que sont désormais l'Afrique australe et l'Asie (Malaisie, Taïwan, Corée du Sud...) sont des chasses gardées occidentales.

Parallèlement à la baisse des exportations, la concurrence s'est accrue. Ainsi, face aux plus grands producteurs d'armement (États-Unis et ex-URSS) et au groupe des grands producteurs (France, Grande-Bretagne, Allemagne, Suède, Italie et Espagne) sont apparus de nouveaux producteurs (Brésil, Israël, Afrique du Sud, Japon, Chine, Corée du Sud, Inde et Indonésie). Ces derniers ont développé une industrie d'armement nationale, afin de satisfaire leur propre demande et de s'assurer des sources de devises *via* le développement de ventes à l'étranger. Dans un premier temps, ces pays n'ont pas été considérés comme des concurrents dangereux, dans la mesure où ils produisaient surtout des matériels de conception relativement ancienne et peu sophistiqués. Mais cela leur a permis de mettre sur le marché des produits nettement moins coûteux et d'entretien plus facile que ceux des grands producteurs, donc plus conciliables avec le besoin des pays acheteurs du tiers monde. Ainsi, certaines industries d'armement (brésilienne et israélienne pour l'armement terrestre, aérien et les systèmes d'armes) ont fait des percées significatives, notamment au Moyen-Orient et en Afrique, conduisant les principaux producteurs à craindre de perdre des parts de marché. Mais, actuellement, l'industrie brésilienne d'armement est confrontée à des difficultés croissantes (économie nationale en faillite, perte des clients qui ont fait son « heure de gloire », notamment l'Iran et l'Irak, et volume important d'impayés), ce qui remet en cause son poids sur le marché mondial. Simultanément dans la région Asie-Pacifique, de nombreux pays ont lancé des programmes de modernisation et d'expansion de leur industrie d'armement. C'est le cas notamment de l'Australie, de la Chine, du Japon, de Taïwan et de la Corée du Sud. Ainsi, la Chine a augmenté ses dépenses militaires régulièrement depuis 1988 et s'est lancée dans une modernisation de son industrie de défense, dont les produits s'inspiraient largement des produits soviétiques. Aujourd'hui, elle dispose d'une gamme complète de systèmes d'armes et se situe parmi les principaux producteurs dans le monde. Le Japon a développé son budget de défense de 6 % par an depuis 1975, entraînant par là même un accroissement de sa production d'armement. Mais cette production, dépendant des collaborations avec les États-Unis, est exclusivement destinée aux besoins intérieurs et donc ne modifie en rien l'état de la concurrence internationale. Cependant, les changements survenus depuis 1983 — autorisation d'exporter des composants électroniques à usage militaire aux États-Unis — laissent penser que la prééminence japonaise dans l'électronique de consommation pourrait s'étendre davantage au domaine militaire.

Les palliatifs

Pour tenter de faire face à cette crise, les industries de défense tendent à s'allier afin de préserver ou d'accroître leurs parts de marché. Ainsi, les regroupements nationaux et les rachats de filiales ou de divisions par des groupes d'un même pays se multiplient. En Europe, de gros groupes ont été constitués : Deutsche Aerospace en Allemagne réunit MBB, Dornier, AEG, MTU (80 % des activités aéronautiques et spatiales allemandes), et Daimler Benz (véhicules militaires) ; GEC Plessey et British Aerospace se sont alliés en Grande-Bretagne ; et Alenia en Italie associe Aeritalia et Selenia. La France reste en retard sur ces regroupements, puisque à part le pôle aéronautique militaire réunissant Dassault-Aviation et Aérospatiale, le pôle motoriste CELERG, regroupant SNPE et Aérospatiale, et Sextant Avionique associant Aérospatiale et Thomson-CSF, les industriels de défense restent dispersés. La France compte deux missiliers (Matra et Aérospatiale), voire trois avec Thomson-CSF (depuis son rachat du britannique Short Brothers), deux électroniciens (Thomson-CSF et Dassault-Électronique) et quatre producteurs d'armement terrestre (GIAT Industries, Creusot-Loire Industrie, RVI et Panhard).

Aux États-Unis, les restructurations ont été nombreuses. L'industrie américaine de défense se concentre davantage. Face au déclin du marché de défense nationale et au renchérissement et à l'autofinancement des coûts de développement, les industriels qui n'ont pas la taille critique vont se retirer du marché militaire et se concentrer sur leurs activités civiles. Les Européens, attirés par le marché américain, vont tenter de profiter de ces ventes pour développer leurs parts de marché, mais les limitations imposées par la réglementation seront un obstacle à ces tentatives comme lors de la tentative de rachat, en 1992, de LTV par Thomson-CSF. Ainsi, LTV a été dissous dans Northrop pour ses activités aéronautiques militaires et dans Loral pour sa branche missile. De même, les activités aéronautiques militaires de General Dynamics doivent être rachetées par Lockheed. General Motors, pour sa part, a l'intention de se séparer de sa filiale d'électronique de défense Hughes Electronics.

Par ailleurs, des coopérations internationales se sont développées soit par le biais de rachats : Thomson-CSF/Short Brothers (aéronautique et systèmes d'armes), Thomson/Link Miles (simulation) et Thomson/Signaal ; soit par des joint-ventures : Thomson/Ferranti (sonars), Panhard/Mercedes, GIAT/Krauss Maffei, GIAT/GKN ; soit par des programmes de production commune : Aérospatiale/MBB (*via* leur filiale Eurocopter). Les coopérations européennes sont appelées à se développer. Ainsi, Aérospatiale prévoit-elle, d'ici à 1995, 60 % à 70 % d'opérations de coopération dans ses activités militaires. De plus, certains industriels européens de défense ont choisi d'accéder au marché américain par la coopération technique. C'est le cas de Phonetics, qui a réussi à vendre les licences de ses gyromètres à fibres optiques à Northrop (numéro un mondial des systèmes de navigation inertielle), tandis que la SAT coopère avec l'américain Herley dans les équipements embarqués pour essais en vol.

En matière de restructuration, il semble que les regroupements nationaux préfigurent les alliances internationales. Ainsi, un regroupement français entre Matra et Aérospatiale faciliterait-il la constitution d'un groupe européen avec British Aerospace et Deutsche Aerospace, de taille équivalente aux groupes américains existants.

Les entreprises d'armement qui ne sont pas parvenues à se rationaliser ou à trouver des partenaires ont dû se spécialiser dans des niches technologiques, se diversifier, reconvertir leurs activités dans le domaine civil ou faire l'objet de privatisations.

D'importantes entreprises d'armement françaises ont opté pour la spécialisation. Ainsi, Thomson-Sintra ASM occupe-t-elle une place intéressante sur le marché mondial des sonars héliportés, et Zodiac, déjà détenteur de 35 % de Sicma Aero Seat, a-t-il repris en 1993 l'américain Weber, numéro un mondial du siège avion, afin de poursuivre sa stratégie de développement dans l'aéronautique. Par ailleurs, après s'être consolidée dans le secteur de l'optronique en rachetant Sofretec en 1991, la Sfim dispose d'une gamme complète d'équipements d'optique militaire et spatiale par sa filiale Reoscla et contrôle 70 % du marché européen de l'optique spatiale.

D'autres entreprises se sont diversifiées et ont accru la part de leurs activités réalisées dans le civil. La SNPE, spécialiste des explosifs, est devenue le leader mondial de la fabrication de vernis à ongles. Dassault-Aviation tente de porter de 25 % à 35 % la part de ses avions d'affaires dans ses activités, tandis que GIAT Industries réalise déjà 20 % de son chiffre d'affaires dans la mécanique civile et vise les 25 % en 1995. Mais la diversification est difficile pour des entreprises orientées vers la très haute qualité en petite série, en raison de la forte concurrence des marchés civils et de l'absence d'économies d'échelle.

La conversion des industries de défense vers le civil ne peut être que de faible ampleur dans la mesure où seules les activités de très haute technologie peuvent concerner le domaine civil, vu la spécificité des besoins opérationnels et des contraintes d'environnement et de sécurité. En outre, les diversifications se révèlent souvent non rentables. Ainsi, il est difficile de reconvertir l'industrie terrestre, par exemple dans la fabrication de machines-outils. Ensuite, la conversion suppose toute une transformation des structures commerciales. Elle nécessite également la mise en place de moyens financiers importants pour couvrir les frais de recherche-développement (R & D) et d'industrialisation de produits nouveaux et faire face au manque de préfinancement des activités civiles et de savoir-faire technologique. Cela est onéreux et il est probable que peu de pays auront les ressources nécessaires pour effectuer une conversion satisfaisante. C'est pourquoi la reconversion des industries d'armement d'Europe centrale et orientale et de l'ex-URSS se fait si difficilement.

L'exemple du complexe militaro-industriel soviétique est le plus significatif ; il employait plus de 12 millions de personnes dans, environ, 3 000 entreprises. La moitié des entreprises de Moscou et les trois quarts de celles de Saint-Petersbourg travaillaient pour la défense. Il absorbait, avant l'éclatement de l'URSS, un peu plus de la moitié du PNB et 75 % à 80 % du budget total consacré à la R & D. Aussi sa conversion sera-t-elle une entreprise de longue haleine, particulièrement coûteuse, qui risque même d'être impossible dans certains cas faute de rentabilité. Les besoins de capitaux nécessaires à la reconversion sont gigantesques, aussi la Russie propose-t-elle aux Occidentaux la création de joint-ventures. Mais le système industriel russe étant totalement coupé du marché mondial et les produits civils étant, théoriquement, de moindre qualité que les produits militaires en raison des allocations en ressources et en matériaux et de la sélection sévère des salariés affectés, jusqu'à présent, au secteur militaire, le processus de conversion entamé en 1989 a, parallèlement au gel des commandes d'équipements, contribué à désorganiser l'économie et à provoquer la chute de la production industrielle de 8 % environ en 1990 et de plus de 30 % en 1992. Il semble que seules les industries de pointe survivront, les autres étant vouées à disparaître. Cependant, le secteur qui subsistera restera considérable.

Les ex-pays satellites de l'ex-URSS connaissent les mêmes difficultés et se retrouvent avec une industrie d'armement disproportionnée par rapport à leurs besoins nationaux. Les pays du triangle de Visegrad (nom familier donné à l'association centre-européenne de libre échange — ACELE — créée le 17 avril 1992) : ex-Tchécoslovaquie (7e producteur d'armement au monde), Pologne et Hongrie, produisaient en grande partie pour l'URSS et exportaient dans les pays du pacte de Varsovie et dans les pays communistes en développement. La répartition des tâches était la suivante : la Tchécoslovaquie produisait des chars, des avions et des systèmes d'armes, tandis que la Pologne produisait essentiellement des chars, des avions, des hélicoptères et des navires. L'ex-URSS ayant réduit sa production et son budget de défense, ces pays doivent reconvertir leur industrie d'armement. Or, la conversion nécessite des crédits importants qu'ils espèrent trouver à l'étranger *via* des joint-ventures et le développement des exportations.

Les pays du triangle de Visegrad ont tous réduit leur budget de défense : baisse de 45 % du budget militaire dans l'ex-Tchécoslovaquie entre 1989 et 1991, de 47 % en Hongrie au cours de la même période, mais seulement de 7 % en Pologne en 1990. La conversion de l'industrie d'armement tchécoslovaque et polonaise est surtout possible dans le domaine aéronautique et naval. Ainsi, l'ex-Tchécoslovaquie s'est-elle lancée dans une politique de conversion massive qui, malgré de grosses difficultés dues à la forte concentration de l'industrie d'armement en Slovaquie, est en passe de réussir. La Pologne, quant à elle, a décidé de développer ses exportations en respectant les accords internationaux pour s'attirer les bonnes grâces des pays industrialisés fournisseurs des crédits nécessaires à cette politique, mais cela la prive de nombreux clients d'hier comme la Syrie et la Libye.

Enfin, les groupes publics nationaux apparaissent moins bien armés face à la concurrence internationale. Les gouvernements sont alors incités à les privatiser. Ainsi, la France transforme-t-elle ses arsenaux en sociétés nationales : c'est le cas du GIAT, spécialiste de l'armement terrestre, et de la Direction des constructions navales (DCN). Le rôle de l'État dans les entreprises françaises de l'armement est en passe de changer : il va se réduire dans la structure du capital des firmes du secteur et s'accentuer pour la définition des nouveaux besoins stratégiques. La privatisation de la plupart des entreprises concernées se faisant, les entreprises devraient se restructurer autour de holdings civiles et militaires.

La course aux armements des années soixante-dix/quatre-vingt entre les deux superpuissances a contribué à conduire l'économie de l'ex-URSS à l'asphyxie et à affaiblir celle des États-Unis. Cette militarisation a débouché sur une crise structurelle sans précédent. Cependant, en 1990, la baisse des dépenses américaines et russes a contribué à une diminution de 5 % des dépenses mondiales.

L'effondrement de la menace soviétique et les impératifs économiques ont conduit à une réduction drastique des budgets de défense des principaux pays producteurs d'armement. Ainsi la Russie a-t-elle réduit ses achats d'équipements militaires de 68 %. Parallèlement à la réduction des budgets de défense et à la sophistication des produits, la taille des entreprises et les effectifs diminuent. Aussi les industriels n'ont qu'une alternative : coopérer et/ou se tourner vers le civil. Certaines entreprises se sont engagées dans des programmes de restructuration, alors que d'autres tentent de compenser la baisse des commandes nationales par un développement des ventes à l'export. En outre, il semble que les petites et moyennes entreprises d'armement souffrent davantage de la baisse du marché mondial, les grosses entreprises ayant réussi à accroître leurs parts de marché.

La crise actuelle conduit les industriels à repenser leur stratégie en vue d'intégrer davantage d'alliances nationales et internationales ou de procéder à une conversion vers le civil. Mais, malgré ces tentatives, il semble que la crise soit si profonde qu'une reprise n'est pas envisageable avant 1995.

Bibliographie

SIPRI, *World Armaments and Disarmament*, Oxford University Press, Stockholm, 1992.

CARROUÉ L., *Les Industries européennes d'armement*, Masson, Paris, 1993.

TOURAINE M., « Les industries d'armement », *Notes de la Fondation Saint-Simon*, novembre 1992.

BENICHOU M., « La conversion des industries d'armement - velléités et réalité », *L'Armement*, juillet-août 1992.

IX / Temps difficiles pour les banques

*Dominique de Laubier**

Les dernières années quatre-vingt et les premières de cette décennie auront été une période d'épreuves pour les grandes banques internationales. Certes, au début des années quatre-vingt, la dette du tiers monde avait nécessité de leur part un important effort de constitution de provisions, voire d'abandon de créances. Mais à peine ces difficultés étaient-elles à peu près circonscrites qu'apparaissaient les problèmes des caisses d'épargne américaines. En même temps, la décomposition de l'URSS et l'insolvabilité qui en résultait imposaient de nouveaux efforts de rééchelonnement et de restructuration de la dette de ce pays qui, jusque-là, avait été considéré comme un « bon risque ».

La crise économique a d'autant plus frappé le système bancaire au cœur de ses actifs que les erreurs qu'il a commises n'avaient pas manqué ! Développement parfois démesuré, et souvent coûteux, de ses réseaux internationaux pour être implanté sur toutes les grandes places financières ; engagements disproportionnés dans l'immobilier ; concurrence à tout-va, sans souci des risques ni de la rentabilité, pour s'inscrire dans le palmarès annuel des grands opérateurs... Les banques ont souvent péché par excès d'optimisme, ce qui a entraîné une mauvaise appréciation des risques ou un contrôle insuffisant sur les opérateurs.

* Directeur honoraire de la Banque de France, conseiller scientifique auprès du CEPII.

Prenant conscience des dangers inhérents à une déréglementation bancaire parfois trop poussée, à des innovations financières de plus en plus sophistiquées et à un enchevêtrement croissant des réseaux, les autorités monétaires ont peu à peu réagi. Elles ont resserré leur collaboration, édicté des normes internationales, tels les ratios Cooke[1], réprimé sévèrement les agissements frauduleux ou criminels. Elles ont aussi mis en garde les dirigeants de banque contre les imprudences ou les excès.

Ces avertissements, comme la montée des risques auxquels les banques étaient de plus en plus exposées, ont modifié peu à peu la conduite des opérations. Provisions, contrôles internes accrus, fusions et restructurations ont été parmi les principaux moyens utilisés pour faire face aux difficultés et tenter de maîtriser une évolution devenue défavorable pour beaucoup.

Une stratégie coûteuse : l'internationalisation

De nombreux pays ont levé les barrières s'opposant à l'activité des banques ou des compagnies d'assurances étrangères sur leur territoire. La hausse des Bourses partout dans le monde, de 1982 à 1989, rendant profitable l'activité des intermédiaires, a attiré ces dernières sur les principaux marchés. La multiplication des OPA, surtout aux États-Unis et en Grande-Bretagne, ainsi que les restructurations industrielles qui en étaient souvent la conséquence ont fait appel à l'aide des établissements financiers, de façon croissante et fort rémunératrice. De même, les innovations financières (options, swaps, produits dits « dérivés »[2]), la plupart destinées à la couverture des risques dus à l'instabilité des taux de change ou des taux d'intérêt, se sont considérablement développées. Enfin, les transactions sur devises, qui sont passées sur les principaux marchés de change de 500 milliards de dollars par jour à près de 900 milliards entre 1989 et 1992

1. Voir note (1) du lexique, p. 105.
2. Voir note (2) du lexique, p. 105.

TABLEAU VII. — INVESTISSEMENTS DIRECTS DU SECTEUR FINANCIER (BANQUES, MAISONS DE TITRES, ASSURANCES) VERS OU EN PROVENANCE DE L'EXTÉRIEUR

	1981	*1985*	*1990*	*1991*
France				
*(stocks en mds de francs)**				
1) vers l'étranger	20	36	125	147
2) en provenance de l'étranger	12	20	63	75
États-Unis				
*(stocks en mds de dollars)**				
1) vers l'étranger	28	37	132	136
2) en provenance de l'étranger	15	27	54	63
Royaume-Uni				
*(stocks en mds de livres)**				
1) vers l'étranger	5,9	9,0	15,6	12,5
2) en provenance de l'étranger	1,8	5,0	19,5	19,9
*Japon***				
*(stocks en mds de dollars)**				
1) vers l'étranger	0,8	10,9	65,3	70,3
2) en provenance de l'étranger	0,1	0,2	0,7	1,6

* Les stocks sont des flux annuels cumulés.
** Année fiscale se terminant au 31 mars de l'année suivante : 1985 = 31 mars 1986.

Source : France : calculés à partir des données de la balance des paiements, Banque de France. — États-Unis : *Survey of Current Business*. — Royaume-Uni : Central Statistical Office, *Pink Book*. — Japon : ministère des Finances.

(contre 150 milliards en 1984), ont polarisé les opérateurs sur les grandes places.

Banques et maisons de titres ont ainsi multiplié leurs implantations à l'étranger, notamment à New York, Londres, Tokyo, Paris et Hong Kong. Ces implantations se sont révélées finalement très coûteuses, car réalisées à un moment où l'euphorie boursière avait considérablement renchéri le prix des sièges à la Bourse de New York et à celle de Tokyo ou la valeur des charges d'agents de change à Londres et à Paris. De plus, la hausse des loyers de bureaux a été vertigineuse et celle des salaires versés aux spécialistes financiers, les fameux *golden boys*, considérable.

Aussi le coût des investissements effectués par les acteurs financiers hors de leur pays d'origine s'est-il fortement accru durant les années quatre-vingt. Ces investissements représentent désormais une part très importante, souvent entre 20 % et 30 %, des nouveaux investissements faits par l'ensemble des entreprises des grands pays hors de leur contrée d'origine, contre 10 % environ au début des années quatre-vingt.

Mais le retournement conjoncturel dans les pays industriels a donné un violent coup de frein à cette expansion tous azimuts. La baisse des actions qui a suivi le krach de 1987, lequel s'est répété moins fortement en 1989, a ramené à New York le volume des transactions, qui génère les commissions des intermédiaires, de 1 870 milliards de dollars en 1987 à 1 325 milliards en 1990. A Tokyo, la baisse, plus tardive, mais plus brutale et plus durable encore, a réduit les transactions de 2 320 milliards de dollars en 1989 à 820 en 1991 (cf. tableau).

TABLEAU VIII. — CAPITALISATION ET TRANSACTIONS BOURSIÈRES

(milliards de dollars)

	1980	*1982*	*1986*	*1987*	*1988*	*1989*	*1990*	*1991*
Capitalisation								
New York	1 190	1 260	2 130	2 130	2 370	2 900	2 690	3 480
Tokyo	380	420	1 800	2 730	3 790	4 260	2 930	3 120
Londres	200	200	470	680	710	810	850	970
Paris	60	nd	150	160	220	340	310	350
Transactions								
New York	380	490	1 390	1 870	1 360	1 540	1 325	1 520
Tokyo	160	150	960	1 760	2 280	2 320	1 290	820
Londres	40	30	110	520	370	450	540	550
Paris	10	10	50	90	70	120	120	110

Source : Fédération internationale des Bourses de valeurs.

La concurrence entre de trop nombreux opérateurs a laminé les profits et a conduit un certain nombre d'établissements à freiner leur développement à l'étranger, voire à se retirer des secteurs non rentables. Les établissements financiers se sont souvent recentrés sur leurs métiers traditionnels, se séparant parfois d'une partie de leur réseau international à l'exemple de la Chase Manhattan ou de la National Westminster. C'est ainsi qu'à Londres, rien qu'en 1991, vingt-deux banques étrangères ont quitté la place (certaines, il est vrai, à la suite d'une fusion) alors que trois nouvelles seulement ont fait leur apparition. Peu nombreuses sont celles qui mettent encore l'accent sur le développement de leur réseau à travers le monde, comme la First City Bank ou le Crédit Lyonnais. La plupart préfèrent désormais opérer sur un petit nombre de créneaux jugés plus rentables et nouer des alliances au-delà des frontières, souvent avec participations croisées dans leur capital respectif, telles la BNP et la Dresdner Bank, stratégie jugée moins onéreuse. Néanmoins, on relève encore quelques investissements significatifs à l'étranger, tels le rachat de Charterhouse, banque d'affaires britannique, par le Crédit Commercial de France, conjointement avec la banque allemande BHF, ou l'OPA de la Hong Kong and Shanghai Banking Corporation sur la Midland.

Un engagement périlleux : l'immobilier

L'immobilier a été comme la roche tarpéienne du système bancaire. Quand, partout dans le monde, croissaient les profits des entreprises et se multipliaient les implantations de firmes multinationales, la construction et la location d'immeubles, résidentiels et surtout de bureaux, étaient devenues l'un des secteurs les plus dynamiques de l'économie. La spéculation tirant parti de la rareté des immeubles de prestige dans les grandes métropoles, les prix ont monté vertigineusement. Les promoteurs, grisés par des gains faciles, ont monté des opérations de plus en plus considérables et ont eu recours à des financements bancaires de plus en plus importants. Les banques elles-mêmes ne se sont pas contentées d'apporter leur concours, mais ont souvent pris des participations dans des programmes d'envergure.

Le ralentissement économique du milieu de 1990 est venu porter un coup d'arrêt à cette spirale à la hausse où spéculation immobilière et spéculation boursière s'épaulaient mutuellement, tout particulièrement au Japon. Depuis, la liste des établissements contraints d'annoncer des pertes, parfois considérables, ne cesse de s'allonger.

Aux États-Unis, la victime la plus connue est le flamboyant entrepreneur Donald Trump et ses banquiers. Le symbole de sa réussite, la Trump Tower, faisait briller son marbre rose au cœur de la Ve avenue. La crise l'a surpris alors qu'il faisait construire, à travers les États-Unis, casinos, complexes de loisirs et ensembles de bureaux. Plus grave, les caisses d'épargne américaines, souvent gérées de façon très imprudente, ont elles aussi connu de graves difficultés. Bon nombre d'entre elles, en effet, se sont laissées attirer par les obligations à hauts risques (les *junk bonds*), rapportant de ce fait un intérêt sensiblement plus élevé que les autres (13 % à 14 % contre 8 % à 10 %). Après 1989, bien des sociétés émettrices de ces obligations sont tombées en faillite et n'ont pu honorer le service de leur dette. De ce fait, les *junk bonds* ont perdu une fraction importante de leur valeur. En même temps, les caisses d'épargne ont trop facilement investi dans des programmes de construction de bureaux qui se sont révélés invendables avec la crise. Surtout elles ont prêté généreusement aux particuliers pour l'achat de leur maison et, quand les emprunteurs n'ont pu, mis au chômage, payer les intérêts et rembourser le capital, la maison qui servait de garantie au prêt hypothécaire n'a pu être vendue du fait de l'effondrement du marché immobilier. Le sauvetage de ces caisses d'épargne, pris en main par les autorités fédérales, coûte au budget 25 à 30 milliards de dollars en moyenne chaque année et doit se poursuivre encore longtemps.

Au Royaume-Uni, le groupe canadien Olympia and York, numéro un mondial de l'immobilier, s'était lancé dans la construction et la promotion du très ambitieux complexe Canary Wharf, sur les anciens docks de Londres. Après avoir perdu 1,8 milliard de dollars en 1991, il a dû déposer son bilan en 1992. Sa dette envers plus d'une centaine de banques, parmi lesquelles plusieurs banques françaises, s'élevait à plus de 14 milliards de dollars. Conséquence, au moins pour partie, de ces difficultés, la Barclays, une des banques engagées, a, pour la première fois de son histoire, annoncé en mars 1993 des pertes, importantes de surcroît : 240 millions de livres sterling, soit environ 2 milliards de francs français.

C'est sans doute *au Japon* que l'engagement des banques dans l'immobilier a été proportionnellement le plus poussé et, par conséquent, plus rude le dégonflement — voulu par la Banque du Japon à partir de 1990 — de la bulle spéculative. L'indice Nikkei s'est retrouvé au milieu de l'année 1992 à un niveau qui n'avait pas été observé depuis 1986, soit la moitié du pic qu'il avait atteint à la fin 1989. La capitalisation boursière a ainsi reculé un moment de quelque 2 000 milliards de dollars, au préjudice des petits actionnaires et surtout des fonds de pension, des compagnies d'assurances et des banques. Ces dernières ont perdu une grande part des plus-values latentes qui, jusque-là, les assuraient de pouvoir respecter le ratio Cooke. Quant aux sociétés de courtage et aux maisons de titres, la plupart ont affiché des pertes en 1992, y compris Nomura, la première d'entre elles.

Les difficultés des promoteurs immobiliers et celles de nombreuses entreprises industrielles ou commerciales sont à l'origine du gonflement des créances douteuses ou irrécouvrables portées par les banques. Les estimations du ministère des Finances du Japon les minimisent pour ne pas inquiéter l'opinion, mais bien des observateurs les évaluent, non aux 80 milliards de dollars annoncés, mais bien plutôt à 300 ou 400 milliards de dollars, pour lesquels il faudrait constituer des provisions.

La situation est également difficile pour les *banques françaises* à qui la crise de l'immobilier coûte cher, comme elle coûte cher aussi aux compagnies d'assurances souvent très engagées dans ce secteur. Les provisions que les unes et les autres se sont résignées à constituer depuis deux ans pèsent lourdement sur leurs résultats. Ce sont, d'ailleurs, souvent les filiales bancaires contrôlées par les assurances, en vue d'opérer sur le marché immobilier, qui ont été la source principale des déboires des compagnies. Certains dirigeants estiment que le secteur bancaire pourrait être amené à constituer jusqu'à 70 milliards de francs de provisions face à ses créances immobilières.

Les banques face au marché et aux préoccupations des autorités monétaires

La dégradation des bilans et des résultats des banques un peu partout dans le monde risque, surtout en Europe et au Japon, de contribuer à la prolongation de la crise économique qui était, elle-même, partiellement la cause de cette dégradation.

Le marché, par le biais des cotes de crédit, du prestigieux AAA à l'inquiétant CAA, accordées par les grandes agences internationales de notation — Standard and Poor et Moody's —, sanctionne les résultats des banques comme leur capacité à respecter le ratio Cooke, désormais pleinement en vigueur. De la qualité de cette note dépend le taux d'intérêt à servir sur les emprunts émis par les banques. C'est ainsi qu'au début de 1992 la Morgan Guaranty Trust a pu placer des obligations à dix ans en offrant à peine 45 centièmes de point au-dessus des taux des bons du Trésor américain (soit, par exemple, 8,45 % au lieu de 8 % pour les bons du Trésor), alors que la Citicorp, moins bien cotée, devait verser, pour la même durée, 235 centièmes de point, ce qui la ravalait au rang des républiques sud-américaines !

Ainsi, plus la rentabilité d'un établissement est incertaine, plus il aura à rémunérer les fonds qui lui sont nécessaires. Plus, donc, sa rentabilité future sera difficile à améliorer. Or, celle-ci est indispensable pour les établissements qui, pour respecter le ratio Cooke, doivent renforcer leurs fonds propres soit en incorporant des profits, soit en augmentant leur capital, ce qui suppose qu'ils soient attractifs aux yeux des actionnaires. Les banques ont donc désormais mis l'accent davantage sur la rentabilité que sur le volume des opérations. Elles ont du reste réussi à relever nettement leurs marges[3], passées en moyenne, dans les pays de l'OCDE, de 31 centièmes de point en 1988 à 86 centièmes en 1992. En outre, la concurrence très dure sur les prêts laminant les revenus d'intérêts, la part de leurs recettes obtenue des activités de courtage, d'assistance-conseil, de négociation financière, etc.,

---

3. Voir note (3) du lexique, p. 105.

a sensiblement augmenté. Selon la Banque des règlements internationaux (BRI), elle est passée, entre le milieu des années quatre-vingt et 1990, de 31 % à 38 % pour les banques américaines, de 25 % à 36 % pour les banques japonaises et de 15 % à 25 % pour les françaises.

Les banques ont été aussi beaucoup plus sélectives dans le choix de leurs emprunteurs. Cette retenue, si compréhensible soit-elle, n'est évidemment pas de nature à faciliter la reprise de l'activité dans les pays occidentaux. Les banques japonaises notamment, jadis particulièrement entreprenantes, ont nettement réduit leurs opérations internationales. Leur part dans les encours recensés par la BRI est revenue de 38 % en 1988 à 27 % à l'automne 1992.

Les autorités monétaires, de leur côté, sont désireuses d'éviter deux dangers. Le premier serait un engagement inconsidéré des banques dans des activités à risques, où les marges sont les plus élevées. Le second, que le renforcement des règles prudentielles[4], que ces autorités jugent nécessaire, n'introduise une distorsion dans la concurrence entre les établissements dont elles ont la charge et les autres, notamment les maisons de titres.

Les banques peuvent être tentées de délaisser les crédits aux entreprises de premier rang — une concurrence très vive a réduit les marges de ces crédits au minimum — pour se tourner vers les entreprises moins solides, pour lesquelles un risque plus grand permet d'exiger des conditions plus élevées.

Mais c'est surtout sur les activités de marché, dont le développement a été considérable depuis le début des années quatre-vingt, que les autorités veulent exercer un contrôle. Inexistant en 1982, le marché des swaps, options et produits dérivés[5], atteignait, selon la BRI, plus de 7 500 milliards de dollars en 1991. Or, la complexité de ces activités est telle que les établissements qui prennent position sur ces produits ne sont pas toujours en mesure d'en évaluer pleinement les risques, comme le souligne rudement un rapport de l'OCDE sur « la gestion des risques dans les services financiers », publié en 1992.

---

4. Voir note (4) du lexique, p. 105.
5. Voir note (2) du lexique, p. 105.

C'est pourquoi la BRI a proposé, en mai 1993, des exigences supplémentaires au ratio Cooke, exigences qui s'appliqueraient, après une période d'observation, aux établissements fortement engagés dans ces activités de marché. Mais ce renforcement du contrôle appelle une coordination avec les autorités de tutelle des maisons de titres (l'IOSCO, Comité technique de l'organisation internationale des commissions de valeurs mobilières) qui, n'étant pas des banques, seraient avantagées par rapport à ces dernières si elles restaient exemptées de mesures prudentielles.

Des intérêts considérables sont en jeu, comme toujours en pareil cas. En 1986-1987, il s'agissait, derrière les propositions Cooke, de freiner l'expansion désordonnée des banques japonaises qui, au mépris de leur propre rentabilité, laminaient les profits des autres banques internationales.

Aujourd'hui, certains souhaitent réduire l'avantage dont jouiraient les établissements implantés à Londres, où les règles concernant le capital minimal sont moins sévères qu'ailleurs. D'autres redoutent qu'avec les directives imposées par la Communauté européenne on n'assiste, si rien n'est fait pour corriger cette situation, à une inégalité paradoxale : à l'extérieur de la CEE, les maisons de titres échapperaient à toute règle prudentielle, alors qu'à l'intérieur les banques auraient à satisfaire à un double jeu d'exigences, celles de la BRI et celles de la Communauté elle-même.

L'effort des autorités de tutelle pour tenter d'imposer des garde-fous à l'utilisation explosive des nouveaux instruments financiers et à l'imagination complexe des intervenants offre un tableau à la fois rassurant et légèrement pathétique. Rassurant parce que le filet de contrôle, aux mailles encore très lâches, qui se tisse peu à peu sur l'ensemble des places, offre, malgré quelques défaillances, un minimum de sécurité contre l'imprudence des uns et la malhonnêté des autres. Pathétique pourtant car, dans cette course entre les acteurs et ceux qui ont mission d'en réglementer le jeu, ces derniers paraissent toujours en retard de quelques centaines de milliards de dollars de réserves de change, voire d'une année ou deux d'analyses, de réflexions et même de décisions face à la complexité croissante de certaines innovations financières. Ces retards expliquent pour une part non négligeable la succession de chocs qui affectent les mouvements financiers internationaux.

Bibliographie

« La gestion des risques dans les services financiers », *OCDE*, 1992.
« Cahiers économiques et monétaires », *Banque de France* n° 41, mai 1993.
« La sécurité des systèmes financiers », *Revue d'économie financière* n°s 18 et 19, 1991.
L'Économie mondiale, 1993, La Découverte, « Repères », Paris, 1992.

> Sur des thèmes voisins ou connexes, on lira dans la collection « Repères » :
> *Les Banques* (1991), *La Dette du tiers monde* (1991), *Les Nouveaux Produits financiers* (1989), *Le Système monétaire international* (1993), *Les Taux de change* (1991), *Le Fonds monétaire international* (à paraître fin 1993).

Lexique

1. Le *ratio Cooke* a été élaboré par le Comité des règles et pratiques du contrôle des opérations bancaires de la Banque des règlements internationaux (BRI). Approuvé en juillet 1988, il établit un rapport à observer entre les fonds propres et les engagements, mis en œuvre progressivement pour arriver à 8 % à partir de 1993, cf. *Lettre du CEPII*, n° 77.

2. *Option* : droit d'acheter ou de vendre, à un prix fixé à l'avance, une devise ou un titre, moyennant une légère prime par rapport au cours normal.
Swap : échange de valeurs entre deux parties, qui y trouvent chacune leur compte. On peut ainsi échanger des emprunts à taux fixes contre des emprunts à taux variable, ou des emprunts libellés en des devises différentes, etc.
Produits dérivés : valeurs calculées sur l'évolution d'autres valeurs, notamment sur des indices boursiers tel l'indice CAC 40 à Paris, ou sur des taux d'intérêts.

3. *Marge* : différence entre le cours moyen des ressources que se procurent les banques sur le marché interbancaire des capitaux et le taux auquel elles prêtent.

4. *Règles prudentielles* : ensemble de règles, souvent élaborées avec l'ensemble de la profession, que les banques doivent s'efforcer de respecter dans la répartition de leurs risques, l'importance de leurs fonds propres par rapport à leurs engagements, leur capacité à faire face à leurs échéances, etc.

Base de données sur l'économie mondiale

*Mouhamadou Drame**

Les tableaux présentés ci-après proposent une vision très synthétique de la population, de la production et des échanges mondiaux tels qu'ils ont été estimés par le CEPII. A ces données, on a joint quelques indicateurs complémentaires portant notamment sur l'endettement, la fécondité, le développement humain et la croissance des pays membres du G7, tels qu'ils sont publiés par la Banque mondiale, l'INED, le PNUD ou l'OCDE.

Les données du tableau 1 correspondent à une division du monde en onze zones dont on trouvera la composition par pays dans le tableau 2 pour les pays représentant plus de 30 milliards de dollars de PIB en 1990. Pour les zones comprenant beaucoup de petits pays, on a en outre :

— Moyen-Orient et Maghreb : Bahreïn, Émirats arabes unis, Jordanie, Koweït, Liban, Libye, Oman, Qatar, Soudan, Tunisie, Yémen ;
— Afrique du Sud : y compris Botswana, Lésotho, Namibie, Swaziland ;
— Extrême-Orient socialiste : Cambodge, Corée du Nord, Laos, Vietnam ;
— Sous-continent indien : Afghanistan, Bhoutan, Maldives, Népal.

Quelques remarques sur les données : les estimations du PIB sont faites en parités de pouvoir d'achat telles qu'elles résultent des prix internationaux de 1980 et de la dépréciation du pouvoir d'achat du dollar de 1980 à 1991. Cette estimation fait apparaître la Chine comme deuxième puissance économique du monde avant le Japon et l'ex-URSS. On remarquera que ces résultats sont assez proches de ceux du FMI, publiés en avril 1993, et qui donnent la Chine en n° 3 mondial. Il va de soi que les résultats obtenus pour les ex-pays socialistes sont les plus sujets à caution, en particulier pour ce qui concerne l'URSS qui n'existe plus aujourd'hui.

* Chargé de mission au CEPII.

TABLEAU 1. — LES GRANDES ZONES DE L'ÉCONOMIE MONDIALE

	Population en millions d'habitants 1991	*PIB PPA base 1980 en milliards de dollars 1991*	*PIB PPA base 1980 par habitant en milliards de dollars 1991*	*TCAM de la population 1979-1991 en %*	*Indice synthétique de la fécondité 1990*	*TCAM du PIB PPA 1979-1991 en %*	*TCAM du PIB PPA par habitant 1979-1991 en %*	*Croissance du PIB PPA par habitant (en %)*		
								1989	*1990*	*1991*
MONDE	5 343	28 261	5 289	1,7	3,4	2,7	1,0	1,3	0,2	– 1,5
Amérique du Nord	279	6 206	22 275	0,9	2,0	2,0	1,0	1,6	0,0	– 2,1
Europe de l'Ouest	464	6 641	14 301	0,5	1,7	2,1	1,6	2,4	2,0	– 0,1
dont CEE	345	5 520	16 005	0,3	1,6	2,1	1,8	2,9	2,3	0,5
Ex-URSS et Europe centrale et orientale	393	2 710	6 995	0,7	2,3	–0,1	–0,9	1,5	–5,8	–13,3
Moyen-Orient et Maghreb	275	1 090	3 961	3,1	5,0	1,5	–1,6	–1,2	2,5	– 2,9
Afrique subsaharienne	449	465	1 036	2,9	6,5	1,9	–1,0	–0,1	–0,5	0,2
Afrique du Sud	37	178	4 846	2,4	4,6	2,0	–0,4	–0,2	–3,2	– 0,4
Amérique latine	446	2 103	4 672	2,1	3,5	1,8	–0,2	–1,4	–1,3	0,7
Extrême-Orient à économie de marché	517	4 263	8 245	1,5	2,6	5,0	3,4	4,4	4,7	3,6
Chine et Indochine	1 253	2 698	2 301	1,4	2,4	8,3	6,7	2,1	3,6	5,4
Sous-continent indien	1 191	1 538	1 292	2,2	4,4	5,4	3,2	2,4	2,7	1,2
Océanie	27	347	13 055	1,6	2,6	2,5	0,9	0,8	–2,3	– 1,2

Sources : CHELEM, CEPII.

TCAM : taux de croissance annuel moyen.

TABLEAU 2. — LES 60 PRINCIPAUX PAYS DU MONDE

	Population en millions d'habitants 1991	PIB PPA base 1980 1991 en milliards de dollars	PIB PPA base 1980 en dollars 1991 par habitant	TCAM de la population 1979-1991 en %	Indice synthétique de fécondité 1990	TCAM du PIB 1979-1991 en %	TCAM du PIB par habitant 1979-1991 en %	Taux d'investissement 1990 en % du PIB	Taux d'exportation 1990 en % du PIB	Consommation d'énergie par habitant 1990	Service de la dette en % des exportations 1991	Dette en % du PNB 1991	Indice de développement humain 1990
AMÉRIQUE DU NORD	279	6 206	22 275	0,9	2,0	2,0	1,0						
Canada	27	596	22 273	1,0	1,6	2,3	1,3	21	25	10 009			0,982
États-Unis	252	5 610	22 275	0,9	1,8	1,9	1,0	16	10	7 822			0,976
EUROPE OCCIDENTALE	464	6 641	14 301	0,5	1,7	2,1	1,6						
Autriche	8	124	16 083	0,2	1,4	2,3	2,1	25	41	3 503			0,950
Allemagne	79	1 353	17 026	0,1	1,5	1,9	1,8	22					
RDA	16	150	9 240	−0,3	1,5	−0,2	0,1						
RFA	63	1 204	19 021	0,2	1,5	2,2	2,0	22	32	3 491			0,955
Belgique-Luxembourg	10	178	17 214	0,1	1,5	2,2	2,1	21	74	2 807			0,945
Danemark	5	93	18 158	0,0	1,6	1,8	1,8	17	35	3 618			0,953
Espagne	39	518	13 244	0,4	1,3	2,7	2,3	26	17	2 201			0,916
Finlande	5	83	16 543	0,4	1,7	2,5	2,1	27	23	5 650			0,953
France	57	975	17 211	0,5	1,8	2,1	1,6	22	23	3 845			0,969
Grèce	10	85	8 463	0,5	1,5	1,6	1,1	19	22	2 092			0,901
Irlande	4	44	12 562	0,4	2,1	3,5	3,1	21	62	2 653			0,921
Israël	5	63	13 251	1,9	3,0	3,6	1,7	18	32	2 050			0,939
Italie	58	972	16 860	0,2	1,3	2,3	2,1	21	21	2 754			0,922
Norvège	4	91	21 415	0,4	1,9	2,6	2,2	21	44	9 083			0,978
Pays-Bas	15	265	17 603	0,6	1,6	1,8	1,3	21	57	5 123			0,968

Portugal	10	90	8 693	0,6	1,5	2,8	2,2	32	35	1 507			0,850
Royaume-Uni	58	943	16 394	0,2	1,8	1,8	1,6	19	25	3 646			0,962
Suède	9	165	19 207	0,3	2,1	1,6	1,3	21	30	6 347			0,976
Suisse	7	138	20 437	0,5	1,6	2,1	1,6	29	37	3 902			0,977
Turquie	57	296	5 165	2,3	3,7	4,6	2,2	23	19	857			0,671
Yougoslavie	24	146	6 089	0,6	1,9	– 1,3	– 1,9	21	24	2 409			0,857
Ex-URSS ET EUROPE CENTRALE ET ORIENTALE	393	2 710	6 995	0,7	2,3	– 0,1	– 0,9						
Bulgarie	9	47	5 313	0,0	2,0	– 2,9	– 2,9	29	40	4 945	21,8	73,6	0,865
Tchécoslovaquie	16	82	5 207	0,3	2,0	– 0,3	– 0,5	23	33	3 211	11,5	29,5	0,893
Hongrie	11	213	20 234	– 0,1	1,8	– 1,4	– 1,3	31	26	3 416	32,5	77,0	0,874
Pologne	38	99	2 592	0,7	2,1	– 2,9	– 3,6	34		3 623	5,4	61,4	0,733
Roumanie	23	120	5 152	0,5	2,3	– 0,8	– 1,2	30	33	5 081	2,0	7,1	0,897
Ex-URSS	291	2 149	7 391	0,8	2,3	0,3	– 0,6						
MOYEN-ORIENT et MAGHREB	275	1 090	3 961	3,1	5,0	1,5	– 1,6						
Algérie	26	90	3 497	3,0	5,4	2,5	– 0,5	33	25	1 956	68,4	70,4	0,533
Arabie Saoudite	15	163	10 562	4,7	7,2	1,0	– 3,6			1 956			0,687
Égypte	53	130	2 440	2,4	4,5	5,3	2,8	23	20	598	16,7	130,2	0,385
Irak	20	84	4 303	3,7	6,4	– 3,3	– 6,7			774			0,589
Iran	57	273	4 794	3,5	6,2	1,6	– 1,8	21	15	1 026	4,6	10,8	0,547
Maroc	26	51	1 993	2,6	4,5	2,5	– 0,1	25	26	247	12,2	426,0	0,429
Rép. arabe syrienne	13	63	4 891	3,6	6,7	4,2	0,6	14	27	913			0,665
AFRIQUE SUBSAHARIENNE	449	465	1 036	2,9	6,5	1,9	– 1,0						
Nigéria	89	146	1 648	2,4	6,7	1,4	– 1,0	15	39	138	25,2	108,8	0,241

TABLEAU 2. — LES 60 PRINCIPAUX PAYS DU MONDE *(suite)*

	Population en millions d'habitants 1991	PIB PPA base 1980 1991 en milliards de dollars	PIB PPA base 1980 en dollars 1991 par habitant	TCAM de la population 1979-1991 en %	Indice synthétique de fécondité 1990	TCAM du PIB 1979-1991 en %	TCAM du PIB par habitant 1979-1991 en %	Taux d'investissement 1990 en % du PIB	Taux d'exportation 1990 en % du PIB	Consommation d'énergie par habitant 1990	Service de la dette en % des exportations 1991	Dette en % du PNB 1991	Indice de développement humain 1990
AFRIQUE DU SUD	37	178	4 846	2,4	4,6	2,0	−0,4						
Afrique du Sud	37	169	4 614	2,4	4,5	1,8	−0,5	19	26	2 447			0,674
AMÉRIQUE LATINE	446	2 103	4 672	2,1	3,5	1,8	−0,2						
Argentine	33	118	3 604	1,4	2,7	−0,7	−2,0	9	14	1 801	48,1	49,2	0,833
Brésil	153	687	4 478	2,2	3,3	2,1	−0,1	22	7	915	21,8	73,6	0,739
Chili	13	85	6 337	1,7	2,7	3,3	1,6	20	37	887	33,9	60,7	0,863
Colombie	33	158	4 794	2,0	2,9	3,4	1,4	19	20	811	35,1	43,5	0,758
Équateur	11	40	3 769	2,4	3,8	2,3	−0,1	19	31	678	32,2	114,5	0,641
Mexique	88	548	6 235	2,1	3,8	2,3	0,3	20	16	1 300	30,9	36,9	0,804
Pérou	22	66	2 985	2,3	4,0	−0,1	−2,4	23	11	509	27,4	42,8	0,600
Vénézuela	20	161	7 941	2,8	3,3	0,5	−2,3	9	39	2 582	18,7	65,3	0,824
EXTRÊME-ORIENT À ÉCONOMIE DE MARCHÉ	517	4 263	8 245	1,5	2,6	5,0	3,4						
Corée du Sud	43	406	9 373	1,2	1,6	8,2	6,9	37	32	1 717		14,4	0,871
Hong-Kong	6	109	18 549	1,4	1,2	6,6	5,2	28	137	974			
Indonésie	182	485	2 671	1,9	3,0	5,8	3,8	36	26	272			0,491
Japon	124	2 413	19 458	0,6	1,5	4,1	3,5	33	11	3 563			0,981
Malaisie	18	121	6 634	2,6	3,6	6,2	3,5	34	79	1 898	8,4	47,6	0,789

Philippines	63	139	2 208	2,4	4,1	1,8	– 0,6	22	28	215	23,2	70,2	0,600
Singapour	3	56	18 564	2,0	1,8	7,2	5,1	39	190	5 685			0,848
Taïwan	21	256	12 438	1,4	2,4	7,6	6,2	22	50	2 491			
Thaïlande	57	273	4 822	1,8	2,2	7,3	5,4	37	38	352	13,1	39,0	0,685
CHINE ET INDOCHINE	1 253			1,4	2,4	8,3							
Chine	1 150	2 698	2 346	1,4	2,3	8,3	6,7	39	18	598	12,0	16,4	0,612
SOUS-CONTINENT INDIEN	1 191	1 538	1 292	2,2	4,4	1,1	– 1,1						
Bangladesh	110	88	807	2,3	4,9	4,1	1,7	12	8	57	19,9	56,0	0,185
Inde	868	1 099	1 267	2,2	3,9	5,5	3,3	23	8	231	30,6	29,2	0,297
Myanmar	43	47	1 103	2,0	3,9	5,6	3,6			82			0,385
Pakistan	116	220	1 901	3,1	6,6	6,5	3,2	19	16	233		50,1	0,305
Sri-Lanka	17	43	2 522	1,5	2,5	4,5	3,0	22	30	179	14,1	72,6	0,651
OCÉANIE	27	347	13 055	1,6		0,2	– 1,3						
Australie	17	289	16 693	1,5	1,8	2,7	1,2	21	17	5 041			0,947

Source : CHELEM, CEPII ; *Rapport sur le développement dans le monde 1992* ; *World Debt tables 1992-1993* ; Banque mondiale, *Rapport mondial sur le développement humain*, PNUD, 1992.

TABLEAU 3. — MATRICE DES EXPORTATIONS DE PRODUITS MANUFACTURÉS EN 1979 ET 1991
(en millièmes du total des échanges)

Origine / *Destination*		*Amérique du Nord*	*Europe de l'Ouest*	*Japon*	*Asie en dévelop-pement*	*Amérique latine*	*Monde arabe*	*Afrique noire*	*Europe de l'Est*	*Monde*
Amérique du Nord	1979	60	40	9	11	25	9	2	1	167
	1991	**54**	**41**	**13**	**17**	**21**	**5**	**1**	**1**	**161**
Europe de l'Ouest	1979	39	386	7	16	21	46	16	28	580
	1991	**38**	**382**	**11**	**19**	**12**	**21**	**7**	**17**	**523**
Japon	1979	30	17	0	24	7	11	3	3	105
	1991	**40**	**27**	**0**	**32**	**5**	**5**	**1**	**1**	**125**
Asie en développement	1979	17	13	6	6	2	3	1	2	53
	1991	**32**	**25**	**12**	**21**	**3**	**3**	**2**	**2**	**110**
Amérique latine	1979	7	4	1	1	7	1	0	0	22
	1991	**14**	**4**	**1**	**2**	**5**	**1**	**0**	**0**	**27**
Monde arabe	1979	0	2	0	0	0	0	0	0	4
	1991	**0**	**3**	**0**	**1**	**0**	**1**	**0**	**0**	**6**
Afrique noire	1979	1	2	0	0	0	0	0	0	5
	1991	**0**	**1**	**0**	**0**	**0**	**0**	**0**	**0**	**2**
Europe de l'Est	1979	1	13	1	1	3	2	0	22	44
	1991	**1**	**9**	**1**	**1**	**0**	**1**	**0**	**5**	**18**
Monde	1979	159	484	25	61	64	74	23	57	1 000
	1991	**187**	**502**	**41**	**100**	**45**	**37**	**11**	**26**	**1 000**

Total mondial des exportations de produits manufacturés en 1991 : 2 450 milliards de dollars.

Source : CHELEM, CEPII.

Note : L'Afrique du Sud et l'Océanie ne sont pas détaillées mais sont incluses dans les totaux.

TABLEAU 4. — MATRICE DES EXPORTATIONS TOUS PRODUITS EN 1979 ET 1991
(en millièmes du total des échanges)

Origine / *Destination*		*Amérique du Nord*	*Europe de l'Ouest*	*Japon*	*Asie en développement*	*Amérique latine*	*Monde arabe*	*Afrique noire*	*Europe de l'Est*	*Monde*
Amérique du Nord	1979	47	36	14	10	19	7	1	4	146
	1991	**50**	**38**	**16**	**17**	**19**	**5**	**1**	**2**	**156**
Europe de l'Ouest	1979	30	308	6	11	14	32	12	19	449
	1991	**35**	**349**	**10**	**16**	**10**	**19**	**6**	**15**	**476**
Japon	1979	18	10	0	15	4	7	2	2	64
	1991	**30**	**21**	**0**	**24**	**4**	**4**	**1**	**1**	**93**
Asie en développement	1979	13	10	12	7	1	3	1	3	55
	1991	**25**	**20**	**16**	**22**	**2**	**3**	**2**	**2**	**101**
Amérique latine	1979	20	13	2	1	10	4	1	3	56
	1991	**20**	**10**	**3**	**2**	**7**	**1**	**0**	**1**	**44**
Monde arabe	1979	17	43	16	6	4	5	0	3	96
	1991	**5**	**17**	**8**	**6**	**1**	**4**	**0**	**1**	**42**
Afrique noire	1979	7	11	1	1	2	1	1	0	25
	1991	**3**	**6**	**0**	**1**	**0**	**1**	**1**	**0**	**12**
Europe de l'Est	1979	1	21	1	2	3	3	1	30	62
	1991	**1**	**15**	**1**	**2**	**0**	**1**	**0**	**7**	**27**
Monde	1979	160	469	61	59	58	64	20	65	1 000
	1991	**176**	**489**	**63**	**100**	**43**	**38**	**11**	**29**	**1 000**

Total mondial des exportations en 1991 : 3 368 milliards de dollars.

Source : CHELEM CEPII.

Note : L'Afrique du Sud et l'Océanie ne sont pas détaillées mais sont incluses dans les totaux.

CARTES DU MONDE
PLANISPHÈRE PROPORTIONNÉ À LA POPULATION

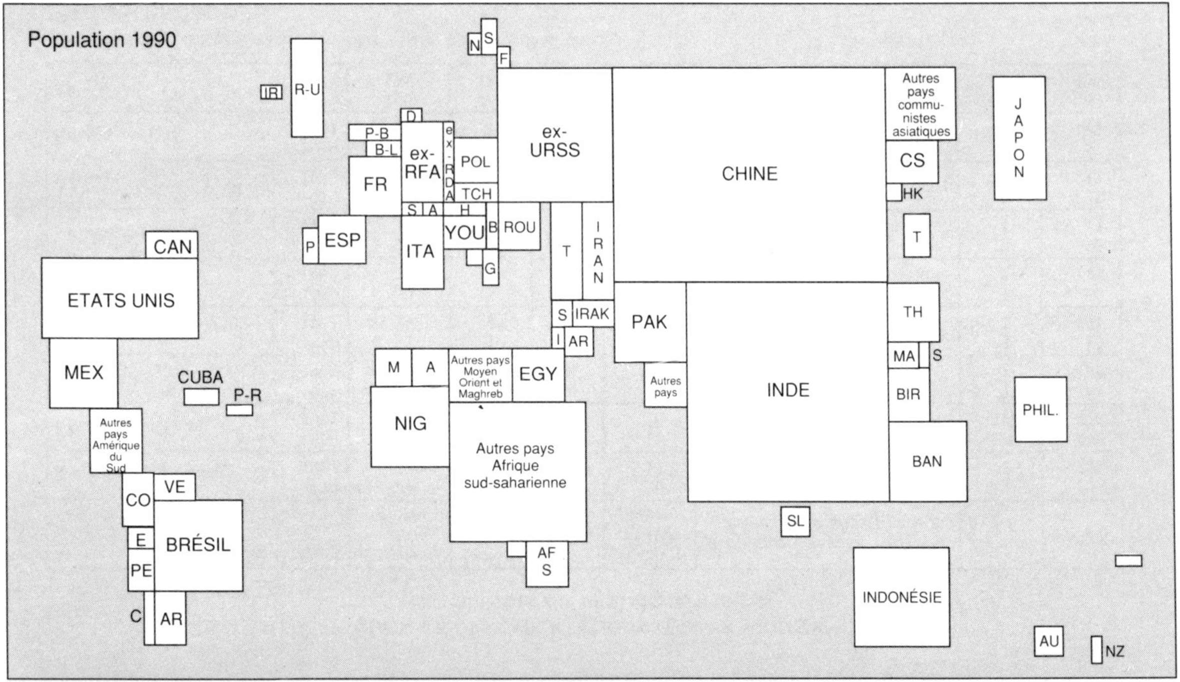

PLANISPHÈRE PROPORTIONNÉ AU PIB PPA

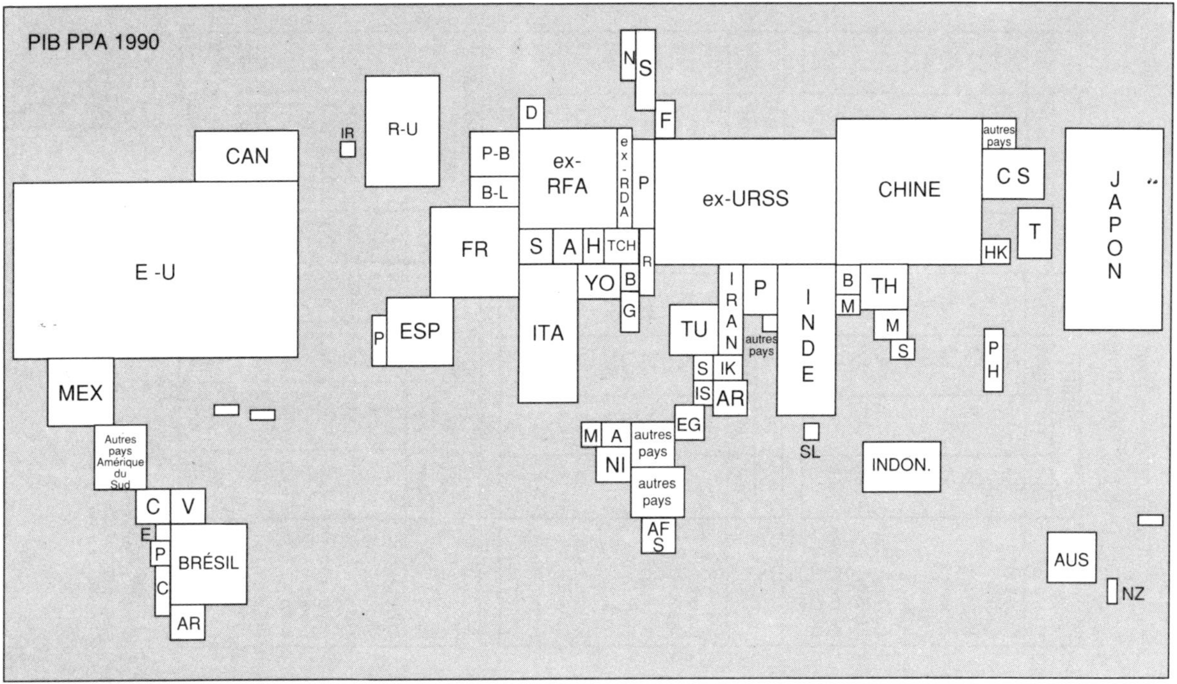

Source : voir tableau 2.

Tableau 5. — Principaux indicateurs pour les principaux pays de l'OCDE

	PIB[1]				INFLATION[1]			
	1990	*1991*	*1992*[e]	*1993*[p]	*1990*	*1991*	*1992*[e]	*1993*[p]
États-Unis	0,8	– 1,2	2,1	2,6	4,3	4,0	2,6	2,6
Canada	– 0,5	– 1,7	0,9	3,1	3,3	2,7	1,0	1,9
Japon	4,8	4,0	1,3	1,0	2,2	2,1	1,8	1,6
Allemagne	5,1	3,7	2,0	– 1,9	3,4	4,2	5,4	4,9
France	2,5	0,7	1,3	– 0,7	3,0	3,0	2,3	2,4
Italie	2,1	1,3	0,9	– 0,2	7,6	7,4	4,7	3,4
Royaume-Uni	0,5	– 2,2	– 0,6	1,8	6,2	6,6	4,5	2,4
Espagne	3,7	2,3	1,0	– 0,6	7,4	6,8	6,1	5,2
OCDE Europe	2,8	1,1	1,4	2,4	5,7	5,8	4,9	4,1
OCDE total	2,5	1,0	1,8	3,0	4,5	4,3	3,3	3,0

	CHOMAGE[2]				SOLDE COURANT[3]			
	1990	*1991*	*1992*[e]	*1993*[p]	*1990*	*1991*	*1992*[e]	*1993*[p]
États-Unis	5,5	6,7	7,4	7,0	– 1,6	– 0,1	– 1,0	– 1,3
Canada	8,1	10,3	11,3	11,1	– 3,8	– 4,3	– 4,2	– 3,7
Japon	2,1	2,1	2,2	2,5	1,2	2,2	3,2	3,3
Allemagne	6,2	6,7	7,7	10,1	3,2	– 1,2	– 1,3	– 1,5
France	8,9	9,5	10,2	11,2	– 1,3	– 0,5	0,2	0,1
Italie	11,1	11,0	10,7	10,9	– 1,3	– 1,8	– 2,1	2,0
Royaume-Uni	5,9	8,3	10,1	10,7	– 3,1	– 1,1	– 2,0	– 2,8
Espagne	16,3	16,3	18,4	22,5	– 3,4	– 3,2	– 3,2	– 2,7
OCDE Europe	8,3	9,0	9,9	11,4	– 0,3	– 0,8	– 0,8	– 0,8
OCDE total	6,4	7,2	7,9	9,2	– 0,7	– 0,1	– 0,2	– 0,2

	SOLDE DES ADMINISTRATIONS[3]				DETTE PUBLIQUE NETTE[3]			
	1990	*1991*	*1992*[e]	*1993*[p]	*1990*	*1991*	*1992*[e]	*1993*[p]
États-Unis	– 2,5	– 3,4	– 4,7	– 3,9	33,1	34,7	38,0	39,9
Canada	– 4,1	– 6,1	– 6,4	– 5,8	43,5	49,2	54,7	57,8
Japon	2,9	3,0	1,8	0,1	9,7	6,2	4,2	4,0
Allemagne	– 2,0	– 3,2	– 2,8	– 4,1	22,8	23,2	24,4	27,8
France	– 1,5	– 2,1	– 3,9	– 5,7	25,0	27,1	30,1	35,2
Italie	– 10,9	– 10,2	– 9,5	– 9,5	98,9	101,2	105,3	111,6
Royaume-Uni	– 1,3	– 2,9	– 6,7	– 8,3	28,5	30,2	35,8	42,6
Espagne	– 3,9	– 2,9	– 4,8	– 5,4	31,3	33,6	36,2	40,0
OCDE Europe	n.d.	n.d.	n.d.	n.d.	40,0	41,3	43,8	45,8
OCDE total	n.d.	n.d.	n.d.	n.d.	31,8	32,7	34,1	34,7

Source : Perspectives économiques de l'OCDE, juin 1993.

1. Taux de croissance annuel. 2. En % de la population active. 3. En % du PIB ou du PNB. e) Estimation. p) Prévision.

Allemagne = Allemagne de l'Ouest (en 1990 pour le taux de change). Solde courant = solde de la balance des transactions courantes.

Chronologie de l'économie mondiale

*Stéphane Guez**

1992

2 juin. — *Union européenne:* les Danois rejettent par référendum le traité de Maastricht. Un texte amendé de clauses d'exemption (monnaie, politique, défense) leur sera soumis et sera approuvé le 18 mai 1993. Dans les autres pays de la Communauté, les premières ratifications seront acquises le 2 juillet au Luxembourg, le 17 juillet en Belgique, et le 31 juillet en Grèce. Arrachée d'une courte majorité (51,04 %) en France lors du référendum du 20 septembre, cette ratification sera également obtenue en Italie le 29 octobre, en Espagne le 25 novembre, au Portugal le 10 décembre, aux Pays-Bas le 15 décembre, et en Allemagne le 18 décembre. Le Parlement britannique, toujours réticent, attendra le second vote danois pour se prononcer.

3 au 14 juin. — *Sommet de la Terre:* organisé à Rio de Janeiro par la Conférence des Nations unies pour l'environnement et le développement (CNUED), il est le théâtre d'une confrontation entre pays riches et pays pauvres. Ces derniers réclament des compensations financières pour soutenir un développement respectueux de l'environnement. Peu d'engagements précis seront pris, sauf de la part du Japon qui versera 7,5 milliards de dollars sur cinq ans. Cinq documents seront signés: la charte de la Terre, l'Agenda 21, plan d'action pour le XXIe siècle; et des conventions sur le climat, la forêt et la bio-diversité.

11 juin. — *Russie:* un plan de privatisation est approuvé. Le 1er octobre, chaque citoyen se verra attribuer un bon de privatisation *(voucher)* d'une valeur de 10 000 roubles (un peu plus d'un mois de salaire moyen mensuel en octobre) permettant l'achat d'actions. Le 1er juillet, le principe d'un taux de change unique du rouble, déterminé par le marché interne, sera adopté. Le FMI, satisfait de ces évolutions, débloquera le 6 août, la première tranche —

* Collaborateur extérieur du CEPII.

1,04 milliard de dollars — du crédit *stand-by* de 4 milliards de dollars prévu par le premier programme d'aide concerté à la Russie.

26 juin. — *CEE:* sommet de Lisbonne. Après le non danois, les Douze réaffirment l'intangibilité du traité de Maastricht. Jacques Delors est reconduit pour un troisième mandat de deux ans à la présidence de la Commission européenne.

28 juin. — *Mercosur:* l'Argentine, le Brésil, le Paraguay et l'Uruguay, signataires du traité d'Asuncion (mars 1991) qui créait le Marché commun du Cône Sud (190 millions d'habitants), décident la suppression de tout droit de douanes au 1er janvier 1995.

28 juin. — *Italie:* Giuliano Amato forme un nouveau gouvernement avec le soutien d'une large coalition. Il engage un vaste plan d'austérité prévoyant des économies budgétaires, de nouveaux impôts et la privatisation des grandes holdings publiques.

6 et 7 juillet. — *G7:* sommet annuel, à Munich. Les Sept insistent sur la nécessité de coopérer pour raffermir l'activité et retrouver la croissance. Ils s'engagent par ailleurs à conclure les négociations de l'Uruguay Round avant la fin de l'année... Boris Eltsine, invité à la fin du sommet, obtiendra la confirmation des aides financière et technique à la Russie et du rééchelonnement de la dette publique de l'ex-URSS prévus dans la déclaration commune de George Bush et Helmut Kohl du 2 avril.

9 juillet. — *Amérique latine:* dette : le Brésil obtient une réduction de 35 % de sa dette bancaire de la part des banques créancières internationales, soit un montant de 44 milliards de dollars pour une dette extérieure totale de 123 milliards de dollars. L'accord, qui prévoit notamment l'échange de créances privées contre des obligations sans intérêt garanties par le Trésor américain, s'inscrit dans le cadre du plan Brady. Le 7 avril 1993, l'Argentine, dont la dette extérieure totale s'élève à 65 milliards de dollars, signera un accord similaire avec ses banques créditrices étrangères pour une réduction d'un tiers du remboursement du principal de sa dette.

17 juillet. — *GATT*, aéronautique : la CEE et les États-Unis signent un accord sur les aides publiques à la construction d'avions civils. Les Européens plafonneront leurs avances sans intérêt à 25 % du montant des frais de développement, tandis que les Américains limiteront leurs aides indirectes (par le biais de contrats militaires et spatiaux) à 3 % du chiffre d'affaires de l'aéronautique.

21 juillet. — *Espagne:* après la frénésie de dépenses liée aux festivités de 1992 (jeux Olympiques, Exposition universelle), l'austérité s'installe avec la présentation d'un plan de réduction du déficit budgétaire, puis, le 29 septembre, celle du budget le plus restrictif depuis vingt ans.

22 juillet. — *ASEAN:* le Vietnam et le Laos, engagés dans une politique d'ouverture économique, reçoivent un statut d'observateur à l'Association des Nations de l'Asie du Sud-Est (ASEAN, ou ANASE en initiales françaises).

12 août. — *ALENA :* un Accord de libre-échange nord-américain est conclu entre les États-Unis, le Canada et le Mexique. Il sera paraphé le 7 octobre à San Antonio par les trois chefs d'État. Dès l'entrée en vigueur de l'accord, au 1er janvier

1994, les tarifs douaniers et les quotas seront supprimés pour 80 % du volume des produits échangés, puis en cinq, dix ou quinze ans, selon les cas, pour les 20 % restants.

28 août. — *Japon :* le gouvernement présente un plan de relance de 10 700 milliards de yens (420 milliards de francs, 2,3 % du PNB) axé sur des investissements publics et des déductions fiscales. C'est la première mesure radicale après un an de ralentissement économique.

13 septembre. — *SME :* les tensions au sein du SME, ravivées par le relèvement du taux d'escompte de la Bundesbank, le 16 juillet, de 8 % à 8,75 %, ont suscité, début septembre, un vaste mouvement de spéculation misant sur une réévaluation du deutschemark. La lire italienne, violemment attaquée, doit être dévaluée de 7 %. Le 14, la Bundesbank fait un geste de détente en ramenant son taux d'escompte à 8,25 % et son taux Lombard de 9,75 à 9,50 %. Le 17, la lire et la livre sterling seront toutefois contraintes de sortir du SME tandis que la peseta sera dévaluée de 5 %. Le franc français, attaqué à l'approche et au lendemain du référendum du 20 septembre sur le traité de Maastricht, résistera grâce au soutien massif de la Bundesbank. Le 23 septembre, un communiqué franco-allemand réaffirmant le maintien de la parité franc-mark calmera la spéculation. Les monnaies suédoise, norvégienne et finlandaise, également balayées par la vague spéculative, devront décrocher de l'écu et flotter. Le 22 novembre, la peseta sera encore dévaluée de 6 %, en même temps que l'escudo portugais. Le 13 mai 1993, ces deux dernières monnaies perdront encore, respectivement, 8 % et 6,5 %. Le 30 janvier 1993, la punt irlandaise sera aussi dévaluée de 10 %.

20 septembre. — *Suède :* confronté à une crise économique sans précédent depuis la dernière guerre, le gouvernement conservateur, avec l'appui des sociaux-démocrates, présente un vaste plan d'austérité.

6 et 7 octobre. — *France-Afrique :* sommet franco-africain de Libreville. M. Bérégovoy annonce la création d'un fonds de conversion destiné à soutenir le développement du Cameroun, de la Côte-d'Ivoire, du Congo et du Gabon par l'allégement de leur dette.

10 octobre. — *Chine-États-Unis :* un accord commercial est signé. Il supprime sur deux ans 75 % des quotas et licences d'importation qui entravaient l'entrée des produits américains en Chine. Washington menaçait Pékin de sévères sanctions commerciales, motivées par un déficit commercial croissant vis-à-vis de la Chine (estimé à 20 milliards de dollars en 1992).

14 au 19 octobre. — *Chine :* le XIVe congrès du Parti communiste chinois introduit le concept d'« économie de marché socialiste », que le Parlement inscrira dans la constitution le 29 mars 1993. Totale légitimité et encouragements sont ainsi offerts aux méthodes d'essence capitaliste qui induisent le formidable essor de la Chine méridionale.

16 octobre. — *CEE :* sommet extraordinaire à Birmingham. Suite à la tempête monétaire et au petit « oui » français à Maastricht, les Douze réaffirment leur confiance dans le SME et soulignent le principe de subsidiarité inscrit dans le traité d'Union européenne.

23 octobre. — *ASEAN :* dans le cadre de l'AFTA (Asian Free Trade Association), un accord est signé pour la réduction à 20 % sur sept ou dix ans, à compter du 1er janvier

1993, des tarifs douaniers sur les produits manufacturés échangés entre les pays membres. En 2008, 5 % devrait être le taux maximal.

3 novembre. — *États-Unis:* Bill Clinton, candidat démocrate, est élu président après douze ans d'administration républicaine. Son programme, qui réhabilite l'action de l'État et promet une protection sociale minimale, a convaincu une Amérique en pleine récession. Investi le 20 janvier 1993, il présentera un plan qui veut concilier la réduction du déficit budgétaire (par des hausses d'impôts, y compris pour les classes moyennes, et des compressions de dépenses, notamment militaires) avec une relance ciblée (éducation et formation, haute technologie, infrastructures).

20 novembre. — *GATT, accords de Blair House:* à Washington, les négociations CEE-États-Unis dégagent un compromis sur le volet agricole. Il prévoit, pour la CEE, une réduction sur six ans de 21 % du volume des exportations agricoles subventionnées et de 36 % des aides directes à l'exportation. En outre, un accord particulier sur les oléagineux a été trouvé: il impose aux Européens une limitation de ces cultures à 5,128 millions d'hectares, dont 10 % en jachère tournante. En contrepartie, une « clause de paix » protégera jusqu'en l'an 2000 l'agriculture européenne des « foudres » américaines. Le 26 novembre, la Commission européenne jugera ces accords compatibles avec la Politique agricole commune. La France les refusera et menacera d'opposer son veto. Le 9 décembre, le comité des textiles du GATT prolongera jusqu'au 31 décembre 1993 l'Accord multifibre qui encadre le commerce international de produits textiles.

25 novembre. — *CEE:* la Norvège, membre de l'AELE (Association européenne de libre-échange) pose sa candidature pour une adhésion à la Communauté. Les Norvégiens avaient voté « non » au Marché commun en 1972.

27 novembre. — *OPEP:* l'Équateur quitte l'organisation pour se libérer du système des quotas. C'est le premier départ depuis la création de l'OPEP en 1960.

30 novembre. — *Acier:* les États-Unis imposent des droits de douanes compensateurs de 0,59 % à 59 % sur 1,1 milliard de dollars de produits sidérurgiques subventionnés en provenance de douze pays. Le 27 janvier 1993, sur une requête pour dumping, de nouvelles surtaxes ponctuelles allant jusqu'à 110 % frapperont 2,4 milliards de dollars d'aciers importés de dix-neuf pays. Washington menacera de rendre ces dispositions permanentes. Ces mesures scandalisent la CEE dont certains membres se trouvent pénalisés. Le 29 janvier, le Japon imposera des taxes antidumping sur certains aciers chinois.

6 décembre. — *Espace économique européen (EEE):* les Suisses, consultés par référendum, rejettent l'adhésion à l'EEE, zone de libre-échange définie par le traité de Porto le 2 mai 1992, réunissant la CEE et l'AELE (Association européenne de libre-échange). Pourtant, lorsque, le 13 décembre, le Liechtenstein se sera prononcé positivement, les autres membres de l'AELE, sauf l'Islande, auront voté leur adhésion.

11 décembre. — *Russie:* Egor Gaïdar, Premier ministre, est destitué. La réforme très libérale qu'il orchestrait depuis le 2 janvier 1992 est ainsi remise en cause au vu de ses premiers résultats: chute du PNB estimée à 20 % et inflation estimée à 2 500 % en 1992. Viktor Tchernomyrdine, proche du complexe militaro-industriel, le remplacera.

11 et 12 décembre. — *CEE :* sommet d'Édimbourg. Les chefs d'État et de gouvernement présentent l'Initiative européenne de croissance. Fondée sur de grands travaux d'infrastructure, elle est dotée d'un financement de 5 milliards d'écus (33 milliards de francs). La Banque européenne d'investissement accordera les premiers crédits le 23 février 1993, pour un montant de 1 milliard d'écus. Un compromis est enfin dégagé sur le budget communautaire 1993-1994 (paquet Delors II). En outre, on décide d'ouvrir les discussions sur l'adhésion à la CEE de l'Autriche, la Suède et la Finlande.

18 décembre. — *Corée du Sud :* Kim Young Sam, élu président, sera le premier civil à occuper ce poste depuis plus de trente ans. Dès son investiture, le 25 février 1993, il manifestera une volonté de réconciliation avec le Nord, alors que les relations sont envenimées par les ambitions nucléaires de Pyong-Yang. Par ailleurs, dans un contexte de ralentissement de la croissance (4,6 % en 1992 contre 8,4 % en 1991), un programme de libéralisation de l'économie sera présenté.

1993

1er janvier. — *CEE :* l'Acte unique, adopté en 1986, entre en vigueur. Le Grand Marché européen — 320 millions de consommateurs — s'ouvre, libre de toute frontière pour les marchandises, les services et les capitaux. La libre circulation des personnes physiques se voit, quant à elle, différée. Elle interviendra progressivement d'ici à la fin 1993, entre les neuf pays signataires des accords de Schengen (les Douze moins le Royaume-Uni, l'Irlande et le Danemark), qui instaurent un contrôle unique à l'entrée de la Communauté. Mais les difficultés rencontrées dans la mise en œuvre de ces accords conduiront le nouveau gouvernement français à en reporter l'application.

1er février. — *CEE-États-Unis, marchés publics :* en réaction à la directive européenne fixant les conditions d'accès aux marchés publics (préférence communautaire, matériels comportant au moins 50 % de composants européens) Washington menace de fermer aux Européens les marchés fédéraux pour les secteurs des télécommunications, des transports, de l'énergie et de l'eau. Le 21 avril, un accord partiel sera conclu : les équipements électriques lourds seront exemptés de la directive européenne, d'une part, du *Buy American Act*, de l'autre. Les Européens consentiront à réviser la directive contestée, en échange d'une libéralisation des marchés fédéraux. Mais les Américains demeureront inflexibles pour les télécommunications : le 27 mai, ils confirmeront l'exclusion des firmes européennes des marchés publics concernant ce secteur.

4 février. — *Politiques monétaires :* la Bundesbank amorce la détente tant espérée par les Européens en ramenant son taux d'escompte de 8,25 % à 8 % et son taux Lombard de 9,5 % à 9 %. Le 5, le taux d'escompte japonais passera de 3,25 % à 2,5 %.

24 février. — *CEE, acier :* les

ministres des Finances des Douze approuvent le plan de restructuration de la sidérurgie européenne proposé par la Commission. Les capacités de production seront réduites de 50 millions de tonnes d'ici 1994, par fermeture de sites. 50 000 emplois sont menacés principalement en Allemagne, en Italie et en Espagne.

28 février. — *Inde :* la roupie devient convertible et flotte librement. Une nouvelle réduction des droits de douane est annoncée. Comme les précédentes, elle favorise surtout l'importation de biens d'équipement. Ces évolution s'inscrivent dans le processus de libéralisation de l'économie indienne qui émerge du dirigisme depuis l'arrivée au pouvoir de Nahasimha Rao en juin 1991.

13 mars. — *Allemagne :* le gouvernement Kohl, l'opposition social-démocrate et les chefs de gouvernement des Länder signent le Pacte de solidarité, plan de soutien équilibré à l'ex-RDA, prévoyant la mise en place d'un impôt complémentaire de solidarité (7,5 % de l'impôt sur le revenu) à partir de 1995 et des économies budgétaires. Pour la Bundesbank, les conditions d'une détente significative des taux d'intérêt sont désormais réunies.

18 mars. — *Politiques monétaires :* la Bundesbank ramène son taux d'escompte de 8 % à 7,5 % ; le 22 avril, il passera à 7,25 %, tandis que le taux Lombard baissera de 9 % à 8,5 %. Les banques centrales européennes suivront le mouvement.

18 mars. — *Pérou :* le FMI, satisfait du plan économique du président Fujimori, accorde un crédit de 1,4 milliard de dollars sur trois ans qui préfigure un prêt de 1 milliard de la Banque mondiale et le rééchelonnement de 8 milliards de dollars d'une dette totale de 22 milliards.

2 avril. — *Russie :* le Club de Paris accepte de rééchelonner sur dix ans, avec une période de grâce de cinq ans, 15,6 milliards de dollars dus au titre du service de la dette. En 1994, 20 milliards de remboursement arriveront à échéance pour la Russie.

13 avril. — *Japon :* face au marasme économique persistant, le gouvernement présente un nouveau plan de relance de 13 200 milliards de yens (620 milliards de dollars), dont 10 620 milliards financeront des investissements publics, parmi lesquels des investissements sociaux (éducation, santé) sont mis en évidence.

14 et 15 avril. — *G7 :* les ministres des Finances et des Affaires étrangères réunis à Tokyo marquent leur soutien à Boris Eltsine par l'annonce d'un plan d'aide multilatérale de 43,4 milliards de dollars. On y distingue une innovation du FMI, la facilité d'adaptation systémique, dotée d'un fonds de 3 milliards de dollars, à verser en deux tranches égales, à la seule condition que la Russie s'engage à adopter une politique d'ajustement économique. 4,1 milliards de crédits *stand-by* — remplaçant les 3 milliards gelés à l'automne 1992 — seraient ensuite débloqués, au vu des résultats de cette politique et de l'adoption d'un programme complet de stabilisation macroéconomique. Lorsque les résultats seront consolidés, 6 milliards de dollars alimenteront le fonds de stabilisation du rouble destiné à faciliter la convertibilité (déjà proposé en 1992). La Banque mondiale établit pour sa part un important programme de crédits — 3,4 milliards de dollars, pour les réformes structurelles, et porte de 600 millions à 1,1 milliard un fonds de réhabilitation des importations.

La prise en compte de 10 milliards de dollars de crédits et de garanties à l'exportation (facilitant les importations russes) et du rééchelonnement de dette de 15 milliards accordés par le Club de Paris, le 2 avril, a permis au G7 d'annoncer le total impressionnant de cette enveloppe.

25 avril. — *Russie:* Boris Eltsine obtient, par référendum, la confiance des électeurs et le soutien à sa politique économique de réforme, mais ne pourra s'engager dans une révision de la Constitution, visant à réduire le rôle du Parlement dont la majorité conservatrice lui est hostile, qu'en utilisant des procédés peu conformes à la Constitution elle-même. Les artifices de procédure qu'il sera amené à adopter relanceront, à coup sûr, la confrontation avec le Parlement.

27 au 29 avril. — *Chine-Taïwan:* une première rencontre depuis 1949, mais semi-officielle, se tient à Singapour entre des représentants des deux Chines. Elle débouche sur la signature d'un accord qui institutionnalise des contacts réguliers concernant les échanges entre les deux rives du détroit de Taïwan.

18 mai. — *Union européenne:* les Danois approuvent à une large majorité (56,8 %) un traité de Maastricht amendé de clauses d'exemption (cf. 2 juin 1992). Le 21 mai, le Premier ministre britannique, John Major obtiendra l'adoption par la Chambre des communes du projet de loi sur la ratification du traité d'Union européenne. Restera à obtenir l'approbation de la Chambre des lords.

18 mai. — *GATT:* contrairement aux affirmations américaines, le secrétariat du GATT publie un rapport sur « La politique et les pratiques commerciales des Communautés européennes » qui conclut que la CEE « demeure une des économies les plus ouvertes parmi les grands acteurs économiques ».

19 mai. — *Économie mondiale:* le FMI rend publique une nouvelle appréciation du partage des richesses mondiales. Une évaluation des PIB (produits intérieurs bruts), qui préfère au taux de change du dollar un taux de change pondéré des parités du pouvoir d'achat (PPA), bouscule l'ordre établi: la part des pays industrialisés dans le PIB mondial passerait ainsi de 73 % à 54 % ; la Chine serait la troisième puissance économique mondiale.

27 mai. — *CEE, agriculture:* les ministres de l'Agriculture des Douze s'accordent sur un assouplissement de la Politique agricole commune, dans le cadre de sa réforme (présentée le 21 mai 1992). La prime compensant les mises en jachère obligatoires sera augmentée de 27 % et les quotas laitiers français seront élargis de 0,6 %. En contrepartie, la France se joindra aux Douze, le 8 juin, lorsqu'ils confirmeront l'accord particulier euro-américain sur les oléagineux, intervenu le 20 novembre 1992, mais continuera de refuser, en l'état, les autres accords de Blair House.

Table

Dans la collection "Repères"

Les menaces globales sur l'environnement, n° 91, Sylvie Faucheux et Jean-François Noël.

Méthodologie de l'investissement dans l'entreprise, n° 123, Daniel Fixari.

La mobilité sociale, n° 99, Dominique Merllié et Jean Prévot.

Le modèle japonais de gestion, n° 121, Annick Bourguignon.

La monétique, n° 55, Nezih Dinçbudak et Ugur Müldür.

La monnaie et ses mécanismes, n° 70, Monique Béziade.

Les nouveaux produits financiers, n° 60, Jacques Régniez.

Les nouvelles théories du marché du travail, n° 107, Anne Perrot.

Nouvelle histoire économique de la France contemporaine :

1. **L'économie préindustrielle (1750-1840)**, n° 125, Jean-Pierre Daviet.
2. **L'industrialisation (1830-1914)**, n° 78, Patrick Verley.
4. **L'économie ouverte (1948-1990)**, n° 79, André Gueslin.

La nouvelle microéconomie, n° 126, Pierre Cahuc.

Le patrimoine des Français, n° 81, André Babeau.

La philosophie de Marx, n° 124, Étienne Balibar.

La population française, n° 75, Jacques Vallin.

La population mondiale, n° 45, Jacques Vallin.

La presse en France, n° 63, Yves Guillauma.

La protection sociale, n° 72, Numa Murard.

La publicité, n° 83, Armand Mattelart.

Les relations Nord-Sud, n° 101, Christian Comeliau.

Les revenus en France, n° 69, Yves Chassard et Pierre Concialdi.

Le revenu minimum garanti, n° 98, Chantal Euzéby.

Les sciences de l'éducation, n° 129, Éric Plaisance et Gérard Vergnaud.

La science économique en France, n° 74, ouvrage collectif.

Sociologie de l'emploi, n° 132, Margaret Maruani et Emmanuèle Reynaud.

La sociologie en France, n° 64, ouvrage collectif.

Les sondages d'opinion, n° 38, Hélène Meynaud et Denis Duclos.

Le système éducatif, n° 131, Maria Vasconcellos.

Le système monétaire international, n° 97, Michel Lelart.

Les taux de change, n° 103, Dominique Plihon.

La télévision, n° 49, Alain Le Diberder et Nathalie Coste-Cerdan.

Les théories des crises économiques, n° 56, Bernard Rosier.

Les théories économiques du développement, n° 108, Elsa Assidon.

La théorie de la décision, n° 120, Robert Kast.

Le tiers monde, n° 53, Henri Rouillé d'Orfeuil.

Les travailleurs sociaux, n° 23, Jacques Ion et Jean-Paul Tricart.

Travail et travailleurs aux États-Unis, n° 16, Marianne Debouzy.

L'urbanisme, n° 96, Jean-François Tribillon.

La collection Repères *est animée par Jean-Paul Piriou, avec la collaboration de Bernard Colasse, Hervé Hamon, Dominique Merllié et Christophe Prochasson.*

Composition Facompo, Lisieux (Calvados)
Achevé d'imprimer en août 1993
sur les presses de l'imprimerie Carlo Descamps,
Condé-sur-l'Escaut (Nord)
Dépôt légal: août 1993
Numéro d'imprimeur: 8162
ISBN 2-7071-2239-4